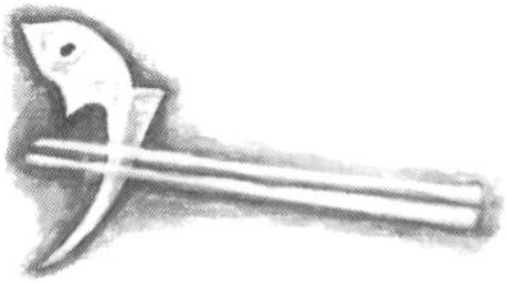

# 蕎麦は食ってみなけりゃ分からない

石丸謙二郎

敬文舎

# 蕎麦は食ってみなけりゃ分からない

石丸謙二郎

敬文舎

| | |
|---|---|
| 装丁・デザイン | 竹歳　明弘 |
| 企画協力 | 植松　國雄 |
| 編集協力 | 阿部いづみ |
| | 日高　淑子 |
| 写真・墨絵 | 石丸謙二郎 |

もくじ◎蕎麦は食ってみなけりゃ分からない

## 第2章◎肉をほおばる……49



## 第3章◎蕎麦は食ってみなけりゃ分からない……85

# はじめに

「けんじろう君、小さなアジ3匹と大きなアジ1匹ならどっちがいい?」

その昔、小学生のボクに質問をしてきたのは、大分県臼杵《うすき》駅の駅長さん。休みの日に父親に連れられて海釣りに行くときに、一緒に船に乗るオジサンだ。

いつも陽気でおかしな話ばかりしている人だった。

「小さなアジ3匹と大きなアジ1匹」…ウンウン頭を抱えて悩んでいるけんじろう君を見て、笑いながら駅長さん。

「ワシやったら、小さなアジ1匹より大きなアジ3匹の方がいいナ、あはは」

どうみてもインチキである。しかし当時のけんじろう君は、そうは思わなかった。「そうか、その手があったか！」いたく感心したのである。夢は大きく持てと語りかける駅長さんと同じ船に乗っているのが楽しかった。

「オレだったら」こんどは父親が返事をする。

「小さなアジ1匹より、大きなカワハギ3匹がいいな」正直な本心を述べている。

「そのほうが酒がうまい」真っ昼間、船の上にいて酒の肴《さかな》を思い浮かべている。

この当時の会話が未来のけんじろう君の、食べることへの情熱を形づくっていた。そして駅長さんと父親の年齢を超えたいま、夢はまだまだ膨《ふく》らんでいる。

さて、蕎麦屋《そばや》にでも繰り出しますか…

17 歳の夏、はじめてのキャンプに持っていったのはサバ缶 10 個だった。
1 日目の夜３缶、翌朝も３缶平らげた。(210 ページ)

# 第1章☆ 魚を骨まで食い尽くす

# カツオのチカラ

夕方、魚屋で、「今夜なんの刺身を食べようかな？」。悩んだら、カツオを買うといい。

《悩んだときのカツオ》と呼んでいる。

今日はよく働いた。ご褒美《ほうび》になんの刺身を食べようかな？　そんなときは、迷わずカツオ！

《ここぞというときのカツオ》とも呼んでいる。

カツオという鮮烈な魚は、科学的にはグルタミン酸という、究極の旨《うま》み成分を、惜しげもなく身体から噴《ふ》きだす稀有《けう》な魚である。旨くないわけがない。欠点を見つけるのがむずかしい魚である。旨い魚ナンバーワンの、魚種格闘

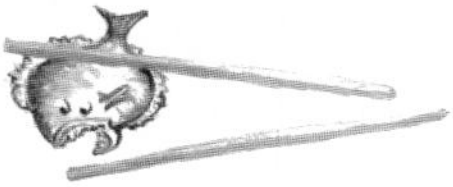

技が行われたら、おそらく最後の決勝まで勝ち残る実力の持ち主だ。

…勝ちあがる？　…勝つウオ？　ということで、カツオなのだろうか？

（たぶん違うので気にしないでいいです）

カツオといえば、初ガツオ。5月のはじめごろの話かと思いきや、いまや、海水温の上昇で、時期は早まっている。桜の終わるころには、丸々と太ったカツオが水揚げされる。脂《あぶら》はのって

ここぞというときのカツオ。

いない。そのぶん、赤身の旨みは、驚くほど上品な旨みを差し出してくれる。初ガツオを食って、アァ〜とため息をつけるようになれば、アナタはもう大人の仲間いりだ。アァ〜とため息をつきながら、目線を右上の天井のシミなんかに、走らせるようになれば、もうアナタは、《自分史》の執筆をはじめてもいいかもしれない。そのシミが、ウサギに見えたり、竜の目玉に見えたりしだしたら、そろそろ終活に取り組まなくてはならないかも…。カツオにはそれくらいのチカラがある。

「吾輩は、カツオファンである」

魚屋の店頭で、キョロキョロしていると、つい、カツオに目がいく。銀色に輝くカツオが気になる。切り身のカツオには、さらにドキドキする。その鮮度を、顔をよせてたしかめたりする。この時点で、今夜の晩酌《ばんしゃく》のオカズが決まったようなもんだ。

ハッと気付くと、カツオを買い物カゴに入れている。この現象を、私はこう呼んでいる。

《カツオに逃げる》

スーパーや魚屋で、今夜の肴《さかな》に迷ったとき、最終的に手に取る魚がカツオなのだ。迷ったときは、カツオを買えば間違いないと、自分を説得できる！

「カツオならなんとかなる」

これほどの簡単な説得で済まされるのは、カツオが、根源的なチカラを持っているからにほかならない。それはボクらが、長いあいだ、鰹節《かつおぶし》というダシで教育されつづけた遺産だろうか？

カツオが旨いと感じる舌《した》を、先祖からいただいたのだろうか？

いま、３つの呼び方を唱えた。

《悩んだときのカツオ》

《ここぞというときのカツオ》

《カツオに逃げる》

一見、マイナスの思考をしているかのような標語なのだが、カツオがもっている並外《なみはず》れたチカラの証明といえないだろうか。

# アカムツは釣れるのか？

《アカムツ》という魚が、海の底に棲《す》んでいる。水深150メートルだの250メートルだのと、結構深い。
アカムツを釣りたいと願う人たちがいる。彼らは、足繁く釣り船に通い、へたすると何年も通い、そのあげくボウズ（一匹も釣れないこと）を重ね、落胆のあまり、アカムツが釣れている釣り番組を見ながら、心を静めている。とはいえ、その釣り番組でさえ、釣り人が見事にアカムツを釣り上げるシーンは、ほとんど見ない。

スポーツ新聞の釣り欄をひらくと、釣り宿情報が、載せられている。

「アカムツ、0~2匹《ひき》》

コレを読むと、釣り人は2匹という文字に心が騒ぐ。

「アカムツが2匹も釣れた人がいる！」

さらに、深く読みとく。

「その人だけが釣れて、あとの全員は0匹だな。で、その釣れた人も、ふだんは0匹の仲間であり、不遇のあまり手ぬぐいを噛《か》んでいたんだな」

なぜ彼らは、それほどアカムツにコダワルのだろうか？

答えは食べたことがある人に訊《き》いてみれば、一目瞭然。

「あのウマさは、尋常《じんじょう》じゃありません！」

「全身がトロじゃないですか！」

「さかな界の王様でしょう！」

絶賛の嵐である。歯が浮くほどの賛辞がおくられている。スタンディングオベーションで迎えられている。さあ、ここまでくると、ひねくれ者は反抗心がむき出しになる。

よし、そんなに旨いってぇのなら、ぜひ釣って食べてみなければいかん！

茨城の港に集まった我らは、テレビ番組の撮影だった。何年も何年も、なんどもなんどもチャレンジして、アカムツを釣り上げようとした番組だ。そのあげく、アカムツからつねにソッポをむかれ、いまだ1匹も釣れていない状況で、船は、利根川の河岸を離れ、太平洋を東にエンジンをうならせるのであった。

釣り場に到着し、青空のなか、その青を映した海の底にむけて、エサ針を沈めてゆく。多少のうねり、風弱し。

さて、期待にたがわず、まったく釣れないアカムツ。希少なアカムツ。幻とまでいわれているアカムツ。

「顔を見られれば」とまでいわれているアカムツ。顔を見られれば、とは、「船の中でだれかが釣れば、アナタは見られるでしょ」という表現レベル。こういう流れの場合、釣り番組では、大逆転がおきるような展開に話はゆく。ところが、アカムツは、ディレクターが喜びそうな優しさをもっていない。船中0がつづく。

頼みの綱は、いろんな釣り番組で、著しい釣果をみせてきた釣り歴６０年の石丸だ。運だけで釣ってきた、その強い運を託されているのである。

昔から、釣りを表現するときは、

「一場所、二エサ、三に腕」と呼ばれる。

どこにも、運は出てこない。その運に頼りたいほど、アカムツ釣りは、番組として成り立ちにくかったと思える。カメラマンの後ろで、ディレクターが両手を握りしめているのは、船酔いをガマンしているだけではあるまい。

「アレ…この小さなアタリは、なんだろう？」

運男が、意味深な言葉を吐《は》く。

そっと竿《さお》を立て、リールを巻きはじめる。水深は深いが、電動リールにまかせず、手で巻いてゆく。やがて、水面近くに魚体が見えてきた。

「あかい！」

テレビの収録とは、スタッフは決して声を出してはいけない決まりなのだが、最初に大きな声を出したのは、ディレクターだった。赤い魚、つまりアカム

運を味方に、アカムツを釣る。

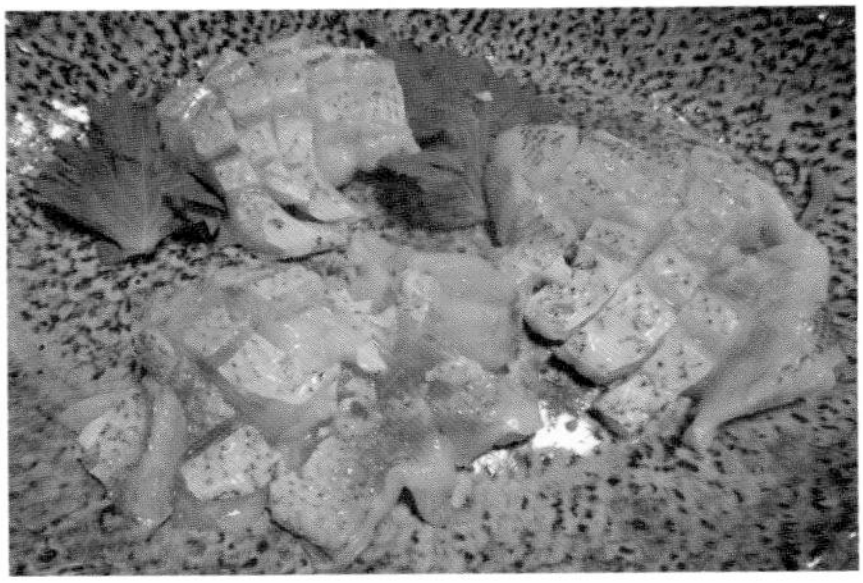

炙りの刺身。

ツの登場にオノレの立場を忘れたらしい。

釣れ上がったのは、体長40センチの堂々としたアカムツ。腹をぷっくらと膨《ふく》らませ、赤というより鈍い金属的な赤の色をしている。さあその後、あろうことか同サイズを立てつづけに2匹（計3匹）釣り上げたのである。ディレクターの喜ばんことか、コブシを突き挙げんことか。もう1匹釣り上げたら、海に飛び込んだかもしれない。


アカムツの食べ方はコレに限る。皮を付けたままで、炙《あぶ》りにする。炙り刺身として食べる。皮の裏にある異常なまでの脂のノリと身の柔らかさ。アカムツ以外に、こんな魚はいない。似ている魚すらいない。アカムツをして魚の王様と言いたくなる気持ちが、炙りの刺身を、ひと切れ口に入れた瞬間に湧きあがった。

もし、かのディレクターが撮影中に、一緒に食べはじめていたら、最初に感激の声を挙げるのは、彼だったに違いない。立場を忘れさせるチカラをもっている、幻の魚ゆえに。

# アコウダイを喰らう

アコウダイという魚は、水深４００〜６００メートルほどの深海に棲《す》んでいる。

水面にあがってくると、水圧の関係で、眼の玉がとび出してしまうので、メヌケという別名がある。

また、浮袋が膨《ふく》らんでしまうので、海面近くまでくると、みずからプッカリ浮かんでしまう。何匹もかかると、真っ赤な魚体が提灯《ちょうちん》のようにプカプカ並んで浮かぶので、《アコウダイの提灯行列》という嬉《うれ》しい呼び名さえある。

千葉の九十九里から、東へ向けて、船でえんやこら走ったあたり、大陸棚が終わり、深遠の大陸プレートの沈み込みへと、さしかかる。

さすがにここまで高速船が走ると、千葉の陸地が見えなくなる。いや日本がどこにあるのか分からない。ふと、

「パスポートを持ってくるべきだったか？」いらぬ心配がよぎる。


「はい順番に投入してください」

船長から声がかかる。大陸棚の端《はし》っこらしく、あまりにも深いので、てんでに釣り糸を垂れたのでは絡《から》んでしまう。そこで、船を微速で走らせながら、最後尾の人から、釣り糸のついた錘《おもり》を投入する決まりとなっている。

待つこと３０分。竿《さお》が時折、ゴツゴツと魚信を伝えてくる。掛かりましたヨ、との合図と言える。糸を上げるときは逆に最後に投入した人から上げてゆく。もちろん電動リールで巻き取るのだが、なんせ、水深５００メートル。あげるだけで２０分以上かかる。途中、竿を両手で抱えてみたのだが、あまりの重さによろけてしまった。

「うわ～、浮いた浮いた！」

水圧の低い場所に来たことがないアコウダイの浮袋がパンパンに膨れ上がり、その浮力でみずから水面に浮かび上がる。それも一匹や二匹ではない。

何匹ものアコウダイが、まさに赤い提灯行列のように、プカリ、プカリ。それぞれ3キロ〜5キロほどのデップリと太った魚体。船べりに持ち上げたものの、あまりの大きさと、はちきれんばかりの豊満な見た目に、圧倒される。大きなクーラーボックスでも入りきらず、ハッポースチロールの箱が増《ふ》えてゆく。

さあ、一路我が家へ。友人らに、腹をすかして夕方来るように連絡する。これだけの魚体ともなると、ウロコを落とすのさえ苦労する。三枚におろすのに、時間がかかる。よもや、骨をぶった切るには、トンカチさえ登場した。しかして、できあがったのは…

刺身

酒蒸し

オリーブオイルにんにくソテー

でっぷり、ドデ～ン。

舌鼓《したつづみ》をうつ仲間がいる。がぶりつく仲間がいる。一番人気は、
《オリーブオイルにんにくソテー》
オカワリ、オワカリの大合唱。

どうやら、アコウダイという魚。魚というより、肉である。

野生の肉、ジビエにちかい。イノシシの肉塊におもむきが似ている。自然界のみなぎる力が、体内に入ってきた感覚があり、大げさとはいえない何かがありそう。

その証左に、仲間の顔に、つやつやの赤みが差してきたのは、赤ワインを飲みすぎたせいだけではあるまい。

その後、日持ちのよいアコウダイは一週間食べられつづけたのである。脂ののった白身の肉というククリで料理され、ホワイトシチューの鶏肉の代わりを務めたときには、我が家の本年度の美食材ゴールド大賞を授けられたほどだった。

# 鰯の生き活き

行きつけの魚屋に立ちよると、イワシがザルに盛られている。６匹で３００円だと貼《は》ってある。冬の時期のイワシは丸々としており、脂が異常にのっている。イワシの顔に顔を近づけ、その目をしっかり見る。

目が生きている。死んでいない。

死んでいるのに、死んでいないと表現するのは、おかしな話なのだが、活き活きとしたイワシに遭遇すると、死んでいない説が浮上する。

「００７は二度死ぬ」という映画は、魚屋の信念から生まれた題名だと店主は信じている。彼は、イワシ一匹々々の目を見てくれと願っている。

新鮮かどうかではなく、生きていたときの名残りが、いまそこにあるという。

指で背びれを広げながら、目が生きているウチに買ってくれと、値段を書き換えているではないか。


「コレください」

「あいよ」

いとも簡単に交渉がなりたち、我が家の晩のおかずとなる。とんで帰り、包丁を研《と》ぎ、まな板の上で捌《さば》きにかかる。予想どおり、脂ののりが半端でない。

その昔、戦国時代、人を切ると、刀が脂で切れなくなるとのことで、かの宮本武蔵は、替えの刀を何本も用意していた、との話が伝わってい

イワシの刺身とナメロウ。

る。

　まさにいま、まな板の上にあるイワシたちが、その脂まみれだ。2匹も捌けば、いったん包丁を洗剤で洗わなければならない。でないと手がすべって危ない。ギトギトを通りこし、ヌチョヌチョ。武蔵の気持ちが、ささやかながら理解できた。

　さてイワシ6匹。2匹を刺身にし、2匹をリュウキュウ（大分の郷土料理）にし、2匹を塩焼きにした。つごう6匹を腹におさめ、ゲフッ。

イワシの干物は朝メシに！

皿に残ったイワシの骨をながめながら、冬の夜のひとときを過ごしている。こういうとき、ふつうは余韻という感慨にひたるものだが、なぜか頭のなかは、残骸にみえるイワシの頭と骨がまだ食えるかどうか？　そのことばかりで占められている。

ふと、干物にすれば良かったかなと考えた。

干物とは、新鮮でなくなった残り物の魚でつくると思われがちだが、じつは違う。新鮮であればあるほど出来上がりはおいしい。釣れ上がったばかりでつくった干物のなんと旨いこと！

ザル売りしているイワシが食べきれないときは、塩をして丸干しにする。冬ならば、寒風にさらして一夜干しにする。こうすれば、頭からシッポまで全部食べつくせる。

さすれば、残骸を名残《なごり》惜し気に見つづけるオジサンでなくなる。

# 煮こごり

煮こごりの旨《うま》さに酔いしれる。子供のころは、煮こごりで育った。夜、サバの煮物がオカズに出た。残ったモノは冷蔵庫に入れられる。すると、翌朝、ご飯のオカズに同じものが出てくる。しかし、朝は昨夜と違い、煮こごりができている。薄い醤油《しょうゆ》色をした、プリン状のポヨポヨした奴だ。

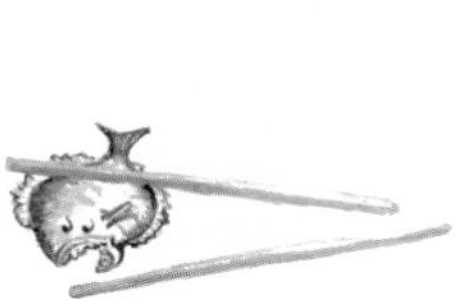

「いただきま〜す」

ご飯の上に、スプーンで煮こごりをかける。あったかいご飯に乗っけるので、すぐに、溶けだす。慌《あわ》てて、かきこむ。ジュブジャブ。

暖かさと冷たさの饗宴。ほのかに感じるサバの香り、サバの味。噛《か》み応《ごた》えなどはまったく期待していない。口の中でオジヤをつくっている感覚とでも

煮こごりの幸せ朝食。

自作　煮こごり丼。

いおうか…

煮こごりとは、コラーゲンの固まりである。体に良いといわれる筆頭株主である。食べるばかりでなく、飲むばかりでなく、お肌にまで塗りたくっている。

そんなコラーゲンを、子供のころ毎日のように食べ、ひどいときには、朝ごはんが煮こごりだけという食べ方までしていた。

「コラ～ケンじろう、野菜も食べなさい！」母親によく叱られた。

そこでだ！　煮こごりの缶詰を売ってくれないだろうか？

それとも、すでにあるのだろうか？

《めばる煮こごり》

《秋刀魚《さんま》煮こごり》

《イワシ煮こごり》

さまざまな　煮こごり商品が出るに違いない。となると、当然プレミア品も登場する。

《関サバ煮こごり》　盆暮れのご贈答用。
《大間《おおま》まぐろ煮こごり》　入社祝い。
《新潟鯉《こい》煮こごり》　出産祝い、産後の肥立ちに。
《下関フグ煮こごり》　定年祝い。
《明石鯛《たい》煮こごり》　還暦の祝い用。赤いし。

贈られてきた缶詰をキコッと開ける。お皿に、ポロ～ンところげ出す。何かを期待する。ものすごく期待する。しかしである。出てきたモノは、薄茶色のプヨプヨの固まりだ。付随するモノは何もない。固形物が何もない。コラーゲンに興味のない方は、きっとがっかりする。

コラーゲンに興味のある方でも、たぶんがっかりする。がっかりした挙句《あげく》に、腕を組んでこうのたまう。

「だれが、こんなモノを贈ってきたんだ！」

さらに、テーブルの前に立ちあがって指さす。

「嫌がらせか…」

そしてある日、台所の隅にほおっておいた缶詰を見つけ、キコッとあける。

スプーンで一口すくい取り食べる。その瞬間、感動が走る！

うまい！

二口目…うまい！　うまい！

三口目…うまい！　うまい！　うまい！

かくして、煮こごりシリーズは、世に広まっていくだろう。老いも若きも、煮こごりにはまり、女子高校生が、発想違いの新製品を作り出すだろう。

いずれは、トロピカルフルーツ味の煮こごり缶詰が発売されるのだ。

ミント味も出るかもしれない。うう…ミント？

それは…さすがにイヤだな。たぶんオジさんは立ち上がる。

「嫌がらせか…」

# ソウダガツオに惹かれて

《ソウダガツオ》という魚がいる。

カツオの仲間なのだが、狙って釣れる魚ではない。本ガツオより小ぶりで、釣れると、釣り人に、

「なんだ、ソウダかよ〜」と小言を言われる。

人によっては、海にポイッと戻す人さえいる。理由は、捌《さば》くのがメンドクサイのと、足が速いからである。

　本ガツオは、釣ってから3日後あたりが、旨《うま》みがでていちばん旨い。

ところが、ソウダガツオは、釣った当日がいちばん旨い。3日も置いてた日には、臭《くさ》みは出るし、腐《くさ》りはじめるしで、イワシやサバ同様、日もちがしな

い魚だ。

そんなソウダガツオが、行きつけの魚屋の店頭に並んでいることがある。すると、目はタカの目のように鋭くなり、そ奴《やつ》に吸い寄せられる。

「買った！！」

声を出さなくとも買えるはずなのに、ついセリのように手を挙げたくなる。帽子に、ハイフンを入れた番号を付けたくなる。

見つけたソウダは、新鮮そのものだった。かれらは魚関係の現場では、「ソウダ」と頭だけで呼ばれる。

血合いがまだピンク色で美しく、身もプリプリしている。

本ガツオはもちろん大好きなのだが、水揚げしたばかりのソウダの旨さは格別である。身は柔らかく、甘味に関しては、本ガツオを凌駕《りょうが》している。ネットリ感が舌にからみつく。

おまけに名前が、「ソウダ」とまるで賛成票を掲げているかと思える魚だ。

「あなたはソウダガツオですか？」

「ソウダ！」

ほら気持ちいい。

「自分のことを旨い魚だと思っていますか？」

「ソウダ！」

ますますいい。

「本ガツオに嫉妬《しっと》していますか？」

「ソウダ！」

これは訊《き》くべきでなかった。


なおかつ、ソウダカツオにも二種類あり、《ヒラソウダ》と《マルソウダ》に分かれる。旨いのは、《ヒラ》のほう。

「え〜わたくしヒラでございますが、ぜひわたくしの仕事ぶりを見ていただきたい」

もし魚屋で、こ奴を見つけたら、帰りに、日本酒の格別な一本を仕入れましょう。

# イカゴロのルイベ

ヤリイカという名前のイカ。槍《やり》のように尖《とが》っているから、そう付けられたらしい。とはいえ、ほかのイカも、おおむね尖った頭の形をしている。
たとえば、スルメにするスルメイカとの違いを述べよと言われても、素人では、どっちがどっちかは…
ただし、丸ママから捌《さば》いてみれば、すぐ分かる。イカゴロと呼ばれるキモが大きいのがスルメイカである。そのキモを使ってつくるのが、《しおから》。キモを取り出し、塩をふるだけでできる。
対してヤリイカのキモは、少ししかない。しかし身のほうは柔らかく、刺身で食べると、ねっとりと甘みがある。ということで、新鮮なヤリイカとスルメイカ両方が手に入ったときは、その相方の長所を合体させて、コレをつくる。

《イカゴロのルイベ》北海道発祥の食べ方である。

ヤリイカをひらき、三角形（あとは刺身にするだけ）という状態にしたところで、スルメイカから取り出した薄茶色のキモを二つ三つ並べ、クルクルと巻き寿司状態に巻いてゆく。それをラップし、冷凍庫で凍らせる。

食べるときは、冷凍のまま、7ミリほどの輪っか状に切って皿に並べる。あとは、解凍しながら、刺身醤油《さしみじょうゆ》で食べる。

完全に解凍していなくとも、口の中で溶《と》けてゆく。溶けながら食べるモノといえば、アイスクリームであろう。アイスの、えも言われぬ旨《うま》さを想像してくれれば、イカゴロのルイベを語りたくなる気持ちを理解してもらえようか。

この旨さは、なにものにも代えがたい。

《旨い酒の肴ベスト3》に入っている。

そうそう食べる機会がない。ゆえに食べられたときには、「ベストワンだ！」声を発することさえある。発したときには、まだ口の中で溶かしている最中なので、モゴモゴしながら、「べしゅとあん！」などと言っている。

人前で、感激しないほうがいい酒の肴だ。

北海道のひなびた居酒屋の片隅で、ひとり、日本酒をチビチビやっている。お品書きで見つけた、イカゴロのルイベをひとかけ摘《つ》まみ、持ち上げる。外側の白いイカの身にくるまれて、薄茶色のキモがなまめかしい。箸《はし》で持ちあげているあいだにもどんどん溶け、グニャリと曲がりはじめる。

ワサビ醤油につけて、口に運ぶ。溶けつつあるイカのキモが、まるで子供のころはじめて食べたチョコレートの溶け方にそっくりで、濃厚さまでそっくり。

そっくりとはいえ、子供には任せられない大人の味を醸《かも》し出している。となれば、引き立て役は日本酒にまさるモノはない。

イカゴロのルイベとの一献のひととき。

本来であれば、酒の肴にあたるのがツマミであるはずなのに、イカゴロのルイベに関しては、立場が逆転する。

溶けつつあるキモの旨みと甘みのあるイカの白身を噛みしめ終わるころに、冷酒がトロリと流し込まれる。あくまで手伝い的な登場のしかたなのだが、その役目の責任は重い。引き立て役とは、主役を決して邪魔しないという忠誠心が求められる。イカゴロのルイベをいただいている気持ちに水をささないよう心掛けるために、辛めの酒にしておきたい。

では、燗酒《かんざけ》はどうなのだろう？　冷たいモノと暖かい酒。お勧めできない。理由は、溶けかかっているゆっくりとした至福の時が、燗をした熱により一瞬でふきとんでしまうからだ。

そして感動の静かなひとときは、ひとりで味わう。アゴに手をやり思わずひと言…

「べしゅとあん！」

# 関サバにたどりつく

大分県の佐賀関《さがのせき》という町の沖で釣れるから、関サバ。いまやブランド魚の走りとして、全国に名を馳《は》せている。

６０年ほど前、佐賀関のすぐ隣の町から船を出し、魚を釣った。鯛《たい》やカワハギやブリが船腹を叩《たた》いた。まだ魚影が濃い時代だったので、釣るというよりは、海中からスクいあげるという感覚だった。釣りというよりは、漁に近かった。サバも当然のようにスクった。

当時は、関サバという名前がブランド化していなかった時代である。スクったサバが、船の水槽のなかで、悠々と青い縞模様《しまもよう》を見せている姿に釘《くぎ》づけに

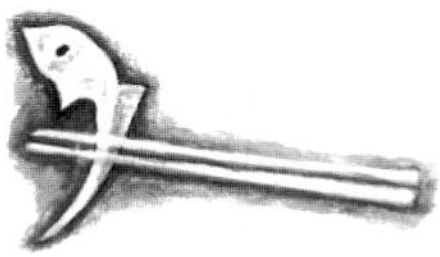

悠然と泳ぐ蒼き関サバ。

なった。子供心に、このサバが、近い未来に自分の舌《した》を刺激し、やがて、腹に収まる予感にうちふるえた。

　脳みその中にさほど情報が溜まっていない子どものころ、サバという青き情報が、怒涛《どとう》のように流れこんだ。サバに我が身が席巻《せっけん》されたひとときである。

　このときには、まだ気づいていない。その後、サバに、味覚の原点に大きな影響を受け、サバに、人生の時間として長い部分をささげ、サバに、朝起きたときの目覚めにかかわってもらい、時には、「サバに我を失う」という、恥ずかしいような食生活をするようになるキッカケが、いま思えば、関サバを海からスクい、あられもなくガッツクという儀式に近い食事風景にあったのである。

あるとき、単純計算をしてみた。生まれてからどれほどの量のサバを食べたか？　一週間に何匹食べたかを、掛けてみた。およそ2トン。大量のサバが、我が身体形成にかかわっている。

これまで日本中のサバ処に足を運んできた。有名どころを列記してみよう。

《銀サバ》八戸のサバで、低温の津軽海峡で育つため異様に脂《あぶら》がのっている。
《金華サバ》海水温も低く、強い海流で育ち、身が締まった上で脂がある。
《松輪《まつわ》サバ》首都圏の近くで、関サバに似た身の絞まり方。
《坊勢《ぼうぜ》鯖》(翡翠《ひすい》鯖)養殖鯖で、安定して食べられる。
《紀サバ》紀州(和歌山)沖のサバで、身の旨さは秀でている。
《清水サバ》土佐のゴマサバで、真夏にも美味しく食べられる。

《関サバ》 大分県の佐賀関沖で一本釣りされたモノのみを呼ぶ。
《双剣《そうけん》サバ》 鹿児島の腰折れサバと呼ばれ、活き締めを徹底している。

ほかにも全国に多数。
《北釧《ほくせん》サバ》《よっぱらいサバ》《お嬢サバ》《唐津Ｑサバ》《長崎ハーブサバ》
《むじょかサバ》《日向サバ》《銚子極上サバ》

関サバを食べはじめ、その後全国のサバを食べ歩き、長い時をへて、ようやくふたたび関サバに辿《たど》りついたのである。辿りついたときには、佐賀関のサバは、量が少なくなり、きわめて希少な魚になってしまった。

「おまえたちが、スクって食べてしまったからだ！」。

そう言われても仕方ない。だから、この舌をつくってくれた関サバに感謝し、お返しをしなければ！

いずれ、《サバ塚》をこしらえなければと考えている。

# さ

## 「砂糖」

料理における調味料の投入順番は符丁で表されている。
《さ　し　す　せ　そ》自分なりの味付けをしてみよう。

我が家の台所には、砂糖がない。砂糖大好きな人間が、砂糖を家に置かないという決断をした。ダイエットのためである。使いたくても、なければ使えないだろうという単純なカットの考え方だ。では、砂糖がなくて困る料理の筆頭はなんだろうか？
《スキヤキ》。すき焼きは砂糖と醤油《しょうゆ》がなければはじまらない。あの甘辛《あまから》さのマネはどうやってもできない。とはいえ、それでもすき焼きは食べたくなる。そこで、なにか方法はないものかと腕組みし、方法を編み出した。

日本酒とみりんとタマネギをグツグツ煮《に》つめて甘さを絞り出したのだ。試しにその出汁《だし》でつくったすき焼きを友人にふるまったところ、だれひとり砂糖が入っていないと気づかなかった。成功したと喜んでいたら、ある指摘が…。「それって、カロリーとても高いですよ、ダイエットに向いてません」

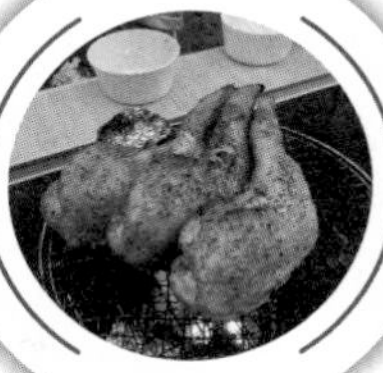

# 第2章☆　肉をほおばる

# イノシシは逃げる

「血が出てますヨ」

ドラマの現場で共演の役者が私の指をゆびさす。前日、イノシシの肉を捌《さば》いていた折、誤って包丁で切りつけたのだ。イノシシの肉はブヨブヨと弾力があるので、肉が暴れて切りにくい。押さえつけて切ろうとすると、逃げてゆく。

左手でグッと押さえつけてスライスしてゆく。ところが、肉が暴れるあまり、あやまって中指に切りつけたのだ。

このあとの、役者の彼と私の会話に注目していただきたい。

正確に復元実況しよう。

「何してて、切ったんですか？」

「ボタン鍋を食おうと思ってね、包丁を持ってサ」

「ボタン鍋？　イノシシですネ」

「イノシシは暴れるんだヨ、だから左手で押さえつけて」

「えっ？」

「しっかり押さえておかないと逃げるんだヨ」

「逃げるって？」

「だから、包丁で…」

「ちょっと待ってください、殺《や》ったんですか？」

「いや、イノシシは逃げるからしっかり掴《つか》んでだネ」

「ど、どこを殺るんですか？」

「え〜と、たしか、胸肉だったな」

「ム、胸をグサリと、ひと突きぃ！？」

「いやいや、そいでゆくんだヨ」

「ひえ〜　イノシシは暴れないですか？」

「だから、暴れるんだって」

「逃げるでしょう？」

「だから逃げるんだって」


「ソレ、どこでやってるんですか？」

「台所だヨ』

「ダイドコロ?!　危ないでしょ！」

「へへ、指切っちゃった」

「イノシシはどうやって手に入れたんですか？」

「田舎の知人が送ってくれるんだヨ」

「どうやって？」

「宅急便でネ」

「たぁ〜っきゅうび〜ん！」

「いま、なんでも送れるじゃない、このあいだは鹿《しか》が届いたヨ」

「シ、シ、シカ〜？」

彼の頭のなかでは…。

「シカは、おとなしくてネ、簡単にさばけるネ」

「イ、イシマルさん、あんた何モノですか？」

「………ん？」

# 鹿のすき焼き

友人が鹿《しか》の肉を持ってきてくれる。そこでいろんな料理にチャレンジする。イタリアン、中華、鹿カツに、当然モミジ鍋。

そこでやはり、日本食の原点、《鹿のすき焼き》をやってみることにした。

スーパーに走った。まず、《突きコン》をカゴにいれる。突きコンとは、コンニャクの白い糸コンより太く、コンニャク色をしていて、すき焼きには、なくてはならない必需品である。

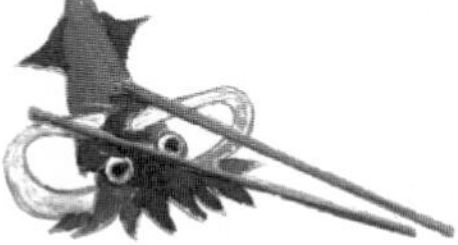

次に、《焼き豆腐》

不思議なことに、焼き豆腐はスキヤキのときしか、買い求めない。なのに、スーパーの売り場には、必ずある。すき焼きをやろうと思い立ち、豆腐売り場に足を運び、焼き豆腐がなかったことがない。必ず置いてある。

たとえば、いま必需品と豪語した《突きコン》がなかったことがある。売り切れたのか、だれかが買い占めたのか定かでないが、なかった。

しかし、同じ条件なのに、《焼き豆腐》がなかったことはない。もう一度確認するが、スキヤキをしようと発奮した日の、スーパーに必ずあったという現象を述べている。

話を次の食材に進めていいだろうか？　話がしつこいと嫌われるので、確認するクセがついているので…。

白ネギ、白菜、キノコときて、非常に重要なコレを追加する。

《ダイコン》

大根のそぎ切りが、すき焼きの後半戦をしめくくってくれる。肉やらなんやらを充分食べたころ、茶色に染まった大根が残ってくる。すべてのエキスを

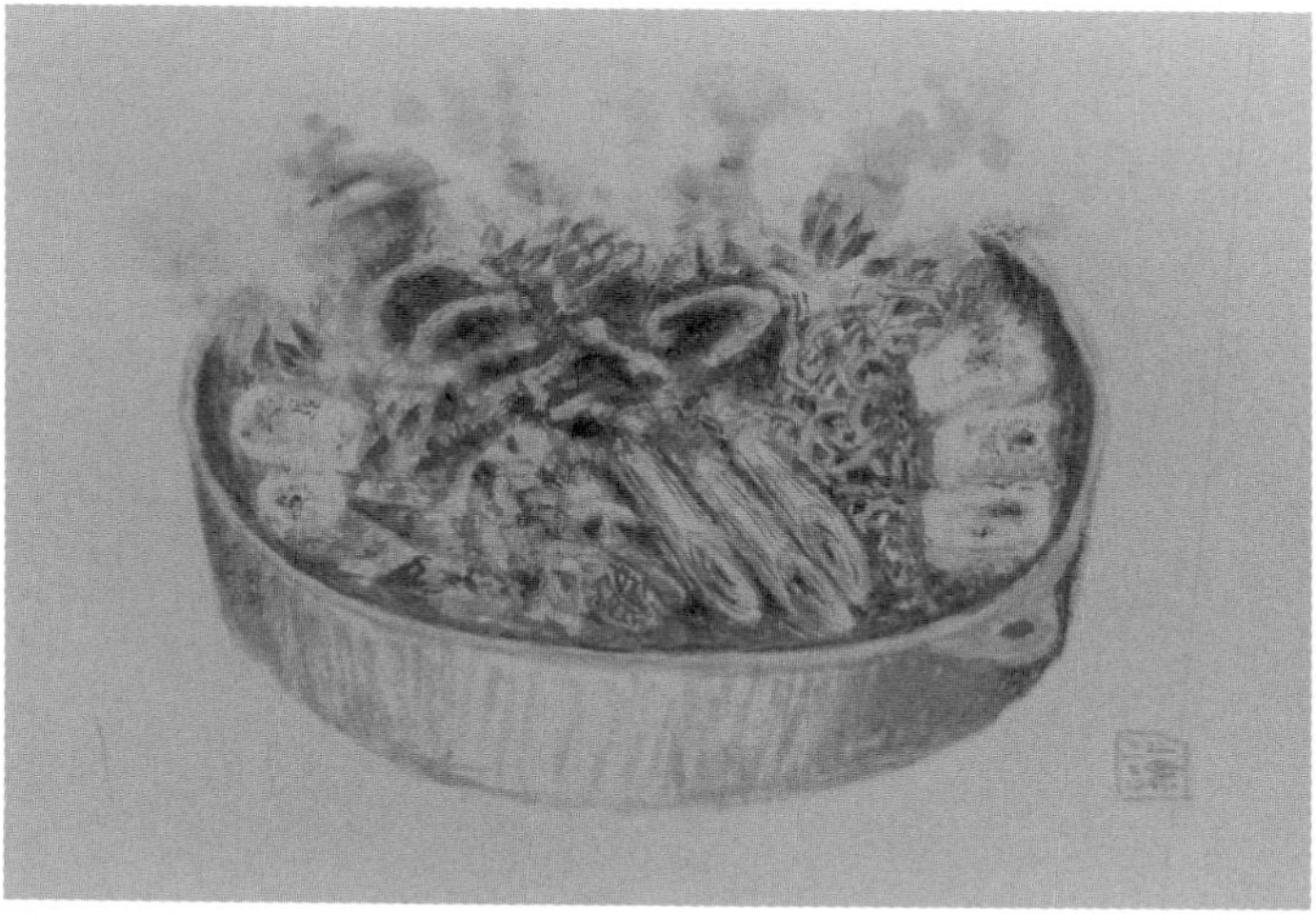

柔らかい鹿肉。

吸い込んだ塊《かたまり》が柔《やわ》らかくしなだれている。大根の食べ方の最高傑作だと、呼びたい。

「最高はおでんでしょ」というアナタの意見もあるでしょう。しかし、おでんにおける大根に欠けているモノがある。それは、甘さ。

すき焼きの大根は甘さという武器がある。子供も大人も大好きである。さらに良きことに、早いうちに食べると苦《にが》みがあるので、最後の最後まで大量に残る。「待った甲斐《かい》があった」と、腕まくりし、すき焼きの仕上げにかかるのである。

もっと言えば、わざと多めにすき焼きをつくり、翌朝まで残すことがある。こうなると、主役は完全に大根となる。大根役者が、晴れて主役の座を射止めるのだ。脇を、崩れた豆腐だの、元主役だった肉の破片だのが固めている。この立場の大逆転には、だれも異を唱えない。シャモジでズブリとすくいとり熱々のご飯の上に汁だくで乗っける。

こうなると昨夜の宴の余韻ではなく、新たな劇場の開幕である。

# 札幌の生ラム

さあ、札幌の夜だ！　なにを食べようかな〜　迷う。なんでも美味《おい》しい北海道となれば、迷わない手はない。迷っている時間が楽しい。で、そのわりには、すんなりと決まる。

「生ラムを食いにいこう！」

生といっても、刺身で食べるわけではない。キチンと焼いて食べる。４０年ほど前には、札幌といえども羊《ひつじ》を食べさせてくれる店は少なかった。「ジンギスカン」と銘打ち、七輪《しちりん》を置いた店が、数件あるのみだった。ところがいまや、探さなくても、交差点で首をふればそこにある。そこにある店に入っても、そこそこのラムがいただける。

ビールと肉をお代わり！

冷蔵技術の発達が、羊の食べ方を変えたといっていい。しかも《子羊のラム》。個人的には、もう少し歳月を重ねた《フォゲット》あたりが好みなのだが、おおまかな括《くく》りで、ラムと称されている。

　最近では、ラムタンもあり、ロースはもちろん、Tボーンもあったりし、ついつい追加注文を重ねてしまう。
牛・豚などの肉系のなかでは、もっとも重量をたくさん食べられるのではないだろうか？「ついつい」という表現がぴったりの肉である。

「もうお腹いっぱい」と思っても、つい箸《はし》が伸びてしまう。

「もうやめよう」と箸を置いたハズなのに、いつのまにか、肉が焼けると、態勢を戻している。


中学生のころ、我が家では、父親が、ひとり600グラムを目安に、羊肉を買ってきた。当時はマトンと呼ばれ、土曜日がマトン日となっていた。ニンニクやリンゴなどを擦《す》ってつくったタレを、お店でもないのに秘伝と称し、庭で七輪の周りを囲んで焼いた。ふだん魚ばかり食べている成長期に、肉食べ放題のフレーズは、授業が突然休講になったときの幸せ感に似ていた。ひとり600グラムというのはあくまで目安で、天井なしである。


札幌の夜はラムの煙とともに更《ふ》けてゆく。

いまは、さすがに成長期は終わっているので、そこまでは食べられないが、400グラムは腹に収めている。いつ北海道に来られるか分からない、という危機感が、胃液の供給の手助けをしている。

と言いながら、しょっちゅう北海道に来る。そのたびに、

「次いつ来られるかな？」

わざと危機感をつのらせ、ラム屋のドアを開ける。

「君、生ラム食べたことないんじゃない？」

仲間に「食べたことがない」と強引に言わせるべく誘導し、

「よし、まかせとけ！」

夜、すすきののラム屋にくりだす。

うぅ…一泊二日では、
ほかにもある旨いモノが食えないじゃないか！

# 牛カツの食べ方

大阪は、食の都である。とくに、難波《なんば》あたり一帯にいると、1か月3食、別のモノを食べることができる。

「さて、お昼は何を食べようかな?」

難波の町をぶらぶらしていて、ひときわ目立つのが《牛カツ》。ギュウカツと発声する。

牛カツ大流行《おおはや》りの街並みといっていい。トンカツの、豚が牛になっただけともいえるが、食べ方が、ちと違う。

ギュウカツの場合、揚げたコロモ状の肉塊をいったん短冊状に切る。

（ここまでは、トンカツと同じ）

しかし、よく見ると、肉はまだまだベリーレア。テーブルの上には、アツアツの鉄板がしつらえてあり、自分で、まだ赤い肉に火を通すのである…お好みの焼き方に。


お気に入りの店は、蕎麦《そば》をすすりながら、牛カツをいただく所だ。カツのタレも、ソースではなく、蕎麦ツユ。はじめは、ものすごい違和感を感じる。蕎麦とカツ。どちらがメインなのかと、皿の位置を入れ替えたり、口に入れる順番を逆にしてみたり…

考えてみれば、肉蕎麦やコロッケ蕎麦があるのなら、ステーキ蕎麦があってもおかしくない。そのステーキにコロモがついているだけである。


そして、ギュウとトンの違いは、重量が同じ場合、ギュウのほうが軽いということである。軽いとは、たくさん食べた感が弱いともいえる。

トンカツが１５０グラムだったら、ギュウカツは、２００グラム食べたほうがいい。

「ほうがいい」などという言い方は奇妙だが、満腹感のなさに、お店を出て、もう一軒入りたくなっては困る。実際、経験者がこう言っているのだから、素直に従ったほうが身のためだ。

経験者と言ったが、まだまだギュウカツ経験が浅く、自分がどれくらい食べたらいいのかの判別ができていない。

お店では、グラムを選べるようになっている。トンカツ屋では選べないのに、なぜかギュウの場合は、（ステーキ屋がそうであるように）選ばざるを得ないシステムだ。

嬉《うれ》しいような悲しいような…

そして嬉しいほうがまさって、ついついグラムを弾《はず》んでしまう。同時に蕎麦が出されるのを忘れているのが、蕎麦に申し訳なくて、悲しい。

# 分厚い牛タンを焼け

前々からやってみたかった、あるモノの食べ方がある。

あるモノとは、《牛タン》

お店で牛タンを食べるときは、たいがい薄く切られている。焼肉屋などでは、ミリ単位のヒラヒラしたものが運ばれてくる。

「サッと炙《あぶ》ってお召し上がりください」

サッとなどと示唆されなくとも、あまりに薄いのですぐに焼けてしまう。金網に置いたと思ったらすぐに裏返し、裏返したと思ったらすぐに口に運んでくるという、やたらに慌《あわ》ただしいのが、牛タンの食べ方だった。

かねがね、この薄さが気になっていた。

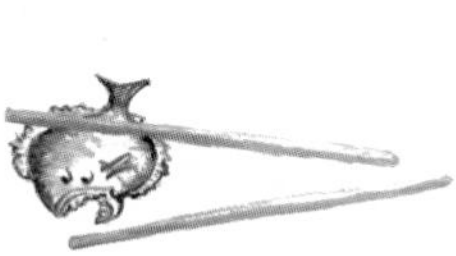

ぶ厚いタンというものは、ないのか？　タンをぶ厚く切ったらいけないのか！　ぶ厚く切って食べるのは違反なのか！

厚いという形容詞の前に、どうしても、「ぶ」をつけたい。

そういえば、40歳のころ、ぶ厚さに出会えたことがあった。

所は仙台。老舗の牛タン屋のカウンターで、七輪《しちりん》の煙に燻《いぶ》されていた。やがて、出てきた肉厚の牛タン。手の平ほどの厚さがあるだろうか？　そいつを金網の上にのっける。ジュゥ！　と音をたてたタンは、のけぞりはじめる。

「半ナマのうちに、おあがりくださ〜い」

おかみの声に、半ナマを箸《はし》でつまみ、口に近づける。

ガブッ…あれ？　うまく噛《か》めない。こんな厚いタンを噛んだ経験がないセイで、噛みつき方を戸惑っている。もういちど噛みなおす。

肉塊を、コロコロとクチの中で動かし、せ〜の〜

ガブリィ！！

目の前に火が飛びちった。下あごあたりに、痙攣《けいれん》が走る。

とっさに何が起こったのか、理解できなかった。真相は、自分の舌（タン）を牛タンと間違って、思いっきり噛んだのだ。

いくら似ているとはいえ、自分の舌をチカラを込めて噛むだろうか？　お店のカウンターが血だらけになったのは、覚えている。激痛のなか、おしぼりが大量に飛びかうのが見えた。

自分で自分の頭を殴って気絶するおバカがいるように、自分で自分の脇腹をくすぐって笑いだすおバカがいるように、このバカは、タン違いをした。せっかくのぶ厚いタンを食べる機会を逸したのである。


さて、機会はこちらから歩み寄る。

とあるスーパーの肉売り場に、牛タンが一本丸のまま、ドデ～ン！　と鎮座していた。持ってみた。ズシリッ！　見た目を超えた重さがある。直径８センチ、長さ２０センチ。アメリカ産だと書いてある。

タンの《丸ごと買い》をしてみた。

さすがにはじめての買いモノだったので、（タンとは関係ないのだが）タンデンに力をこめた。レジを通るとき、買い慣れた業者面《づら》を演じている自分が恥ずかしかった。
ここで、かねてよりの念願の、「ぶ」が発動される。そうか…好きなぶ厚さにカットしていいのか！
《好きなぶ厚さ》
なんと素敵な響きだろうか？　吹けばとぶような薄いタンに忸怩《じくじ》たる思いをしていたぶ厚さ知らずの男は、ズシリとした重さを感じながら、極限のぶ厚いカットを想像し

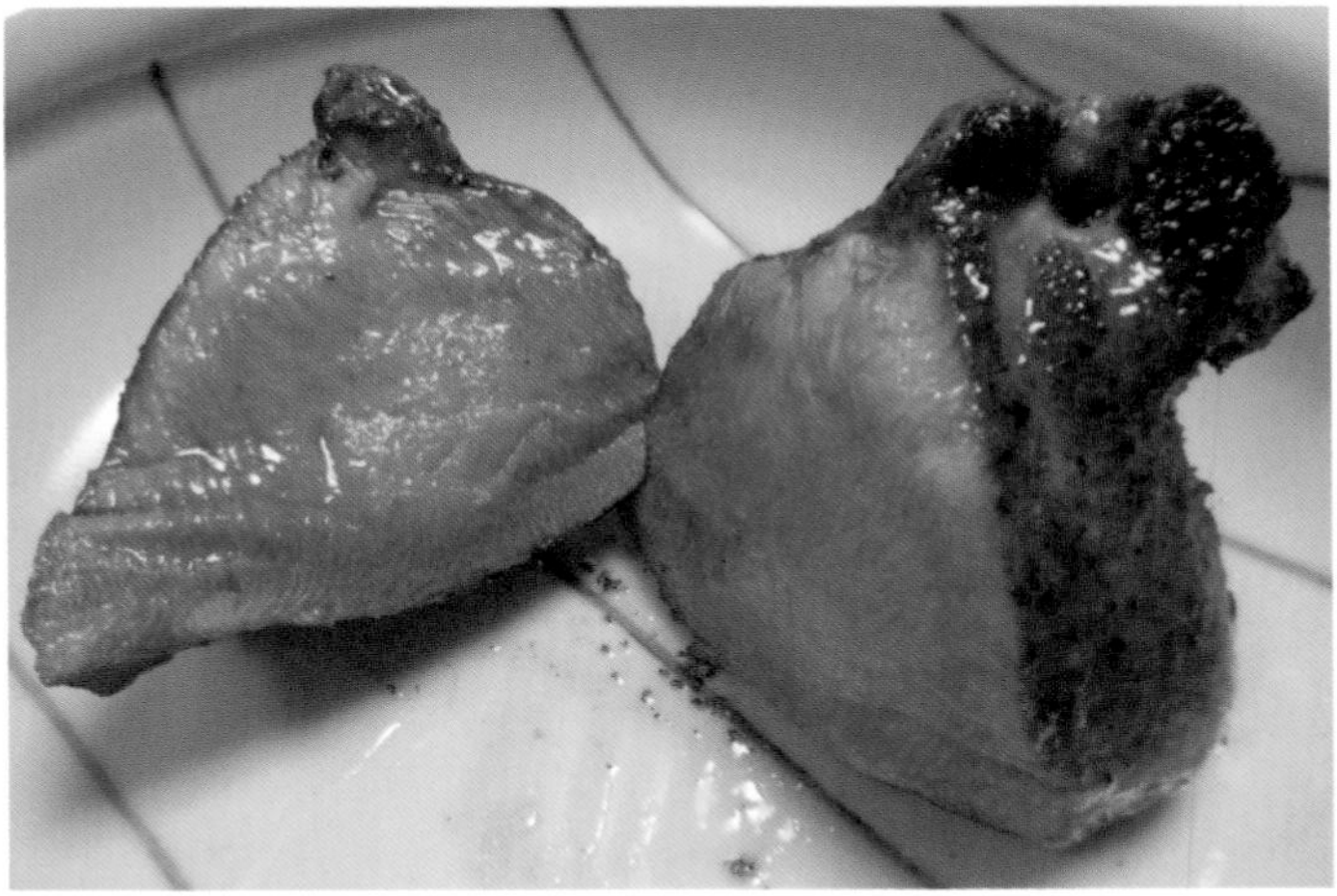

おのれの舌を噛まぬように！

てみた。
１センチ？　（気が弱いゾ）
３センチ？　（やり過ぎかな）
５センチ？　（叱られるかな）
いやいや、いっそ真四角にして立てて焼いてみようか！
（焼けるかな？）
まるまま？（いくらなんでも、やり過ぎだし、食べられない）

「おい、けんじろう、勇気を持て！」
牛の反芻《はんすう》の声が聞こえた気が舌（した）。
８×８×８センチ
キューブの肉塊を切り出した。問題は、これをどうやって焼くか？　内部にまで火を通すにはどうしたらいい？　単に火を通すだけなら簡単である。フライパンの上に置いて、ただ焼けばよい。しかしそれだと、中心部に熱が達したときには、外側は、パサパサになっているだろう。そこで、あのやり方を試してみる。

《低温蒸し》

中華のセイロの低温蒸しの方法を、利用してみる。まず、大きな鍋《なべ》に湯をいれ、火にかける。その上に、金網を置く。網の上に、キューブ肉塊を置く。その上に、ガラス製のドーム型のフタをおく。

こうすることで、熱すぎず、冷たすぎずの状態をキープする。

温度計をさしこみ、55度の温度で、120分間、ほおっておく。

さて、そのあとだ。取りだした肉塊を、フライパンで表面をコンガリ焼く。

そうしてできたものが、目の前にある。

なんせはじめてのチャレンジ。できたものにナイフを入れるのが、こわい。

こういうときは、いつものあの言葉が役に立つ。「ええい、ままよ！」

切り取った断面に、惚れた。

美しい…その味は？

ふうううううう〜〜もうわたしゃ、ダメじゃ…

# 歯茎の役目

イノカツをつくろうとしている。トンカツならぬ、イノシシのカツである。冷蔵庫から、イノシシの肉を引っ張り出し、腕組みをする。

イノシシのステーキは何度も食べた。鍋《なべ》でも中華でも、かなり以上に食べた。

そこで、原点となるトンカツをモジってみようと思う。

どうせやるなら、ぶ厚いカツにしたい。肉を食べるときに、「ぶ厚さ」に言及するのは、本能ではないだろうか。歯で噛《か》むときに、歯そのものではなく、歯茎《はぐき》が感じる肉々しさに期待がかけられている。

じつは、食べ物が口内に入ってきて、その旨《うま》さを感じる機関は、いくつもある。

唇、歯、舌、ホホの裏、喉《のど》の奥、そして、忘れてはならないのが、

歯茎である。

「え～歯茎なんて、関係ないでしょ」

と思ったアナタは、歯茎の重要性に気づいていない。

たとえば、イノシシの肉が口内に入ってくると、歯で食いちぎり、歯でグチャグチャつぶす。その間、舌は休んでいる。

その細かくなった肉塊を支え、享受しているのが、歯茎である。

しばらくすると、舌が動き出し、歯茎の周りにへばりついた肉粒を、あっちに動かしたり、こっちにさまよわせたりする。

歯茎には、味覚を感じる器官はない。しかし、食い物の感触を、歯茎は身をもって知ろうとしている。舌よりはるかに敏感だ。

舌は、けっこういい加減なヤツである。

熱いお湯にはビビるくせに、固いモノ、尖《とが》ったモノ、辛《から》いもの、酸《す》っぱいモ

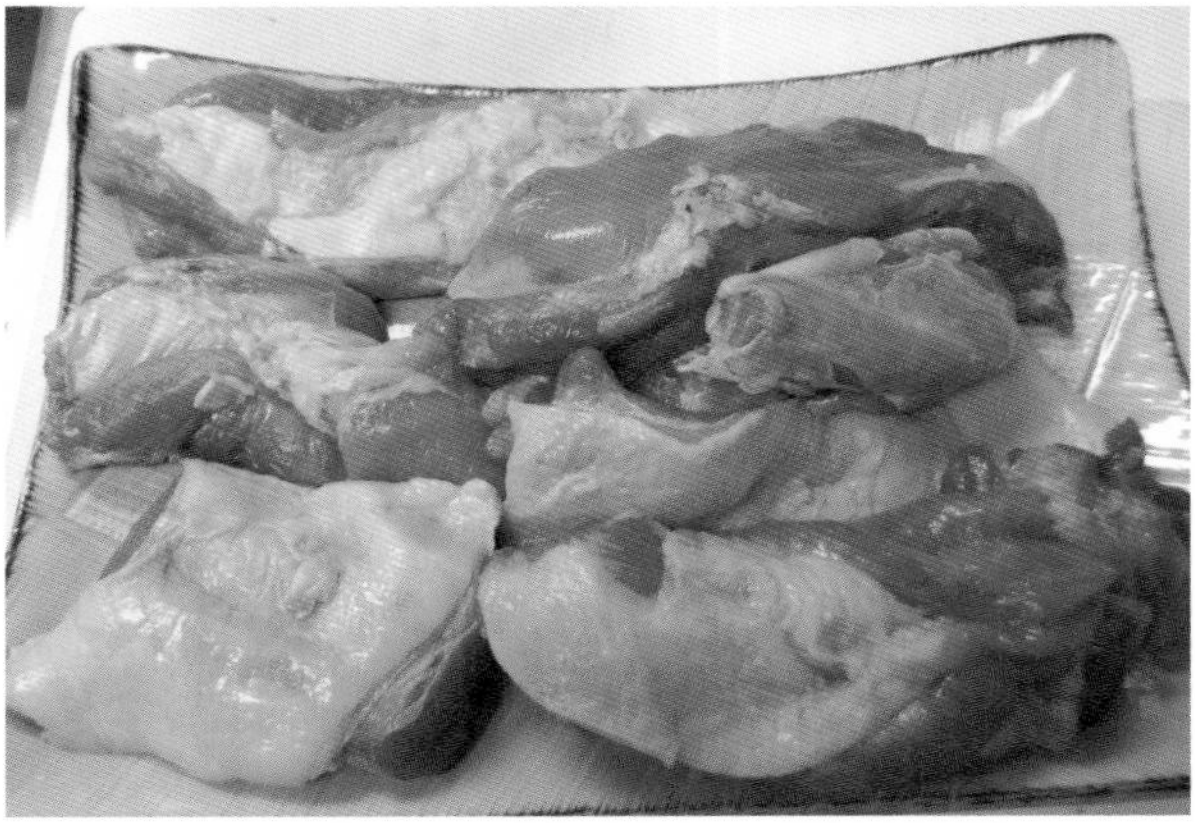

春はタケノコ、秋はドングリを食べたイノシシ。

イノカツはアゴが疲れるという定説は、誤解である。

ノ、たいがいのモノは手なずけている。たまに歯で噛んで、血だらけになることがあるが、それ以外では、まずケガをしない。

ぶ厚い牛タンを先日食ってみたが、タンは丈夫だ。やたら弾力があり、よほど鋭いナイフでないと受け付けない。だからだろうか、トゲや小骨程度の尖ったモノくらいでは、刺さったり傷つけたりはできない。

むしろ、傷つくのは、歯茎のほう。小骨が刺さるのは、おおむね歯茎が役目を担っている。食事をするときに、歯茎を意識してみるとおもしろい。

「味わい深い」という言葉がある。

「味わい」は舌が主たる役目をになっているが、

「深み」は歯茎にゆだねている。

歯茎は思いもかけない責任がある部署だったのだ。

さて、イノカツの深みやいかに！

# ニワトリの下北半島

骨を折ったことがない。小骨すら折ったことがない。ヒビすらない。きっと小さいころからのカルシウム摂取と、おおいに関係しているに違いない。そこで、最近食べたアレを例にだして説明してみよう。

《鶏のモモ一本》

大好物である。子どものころ、誕生日の祝いにはコレが出された。御馳走中のごちそうである。唐揚げにするのが定番だったが、いまでは焼いている。山登りから降りてくると、近場のキャンプ場で夕餉《ゆうげ》となる。七輪《しちりん》に炭をおこし、クーラーボックスのなかから、鶏のモモ一本を取り出す。

網の上でじっくりキツネ色になるまで、時間をかけて焼く。真ん中あたりが、やっと生でなくなったくらいに焼けるのがベスト。

さて、焼けあがった香ばしい鶏モモを右手で持つ。食べ物のなかで《手で持って食べる》モノとして理想的な形をしている。ココを持てばよい、という場所が鶏のモモには備えられている。レストランでは、銀紙で包まれている場所だ。クリスマスでは、白い紙でコックの帽子のようなヒラヒラの切り細工をしている部分だ。

ココを持ち、目の前にあげると、ズシリと重みを感じる。するとどうしても、下北半島《しもきたはんとう》を想い浮かべてしまう。青森県の東側に、おおきくマサカリのように突き出ている半島。

まずひと噛《か》み目は、下北半島の恐山《おそれざん》のやや南のあたり、陸奥湾《むつわん》に面したむつ市に狙いを定める。狙いというからには、かぶりつくまで、視線を外さない。むつの町にズームしてゆくにつれ、まるで、天下を睥睨《へいげい》しているかのような、見おろした目つきになる。

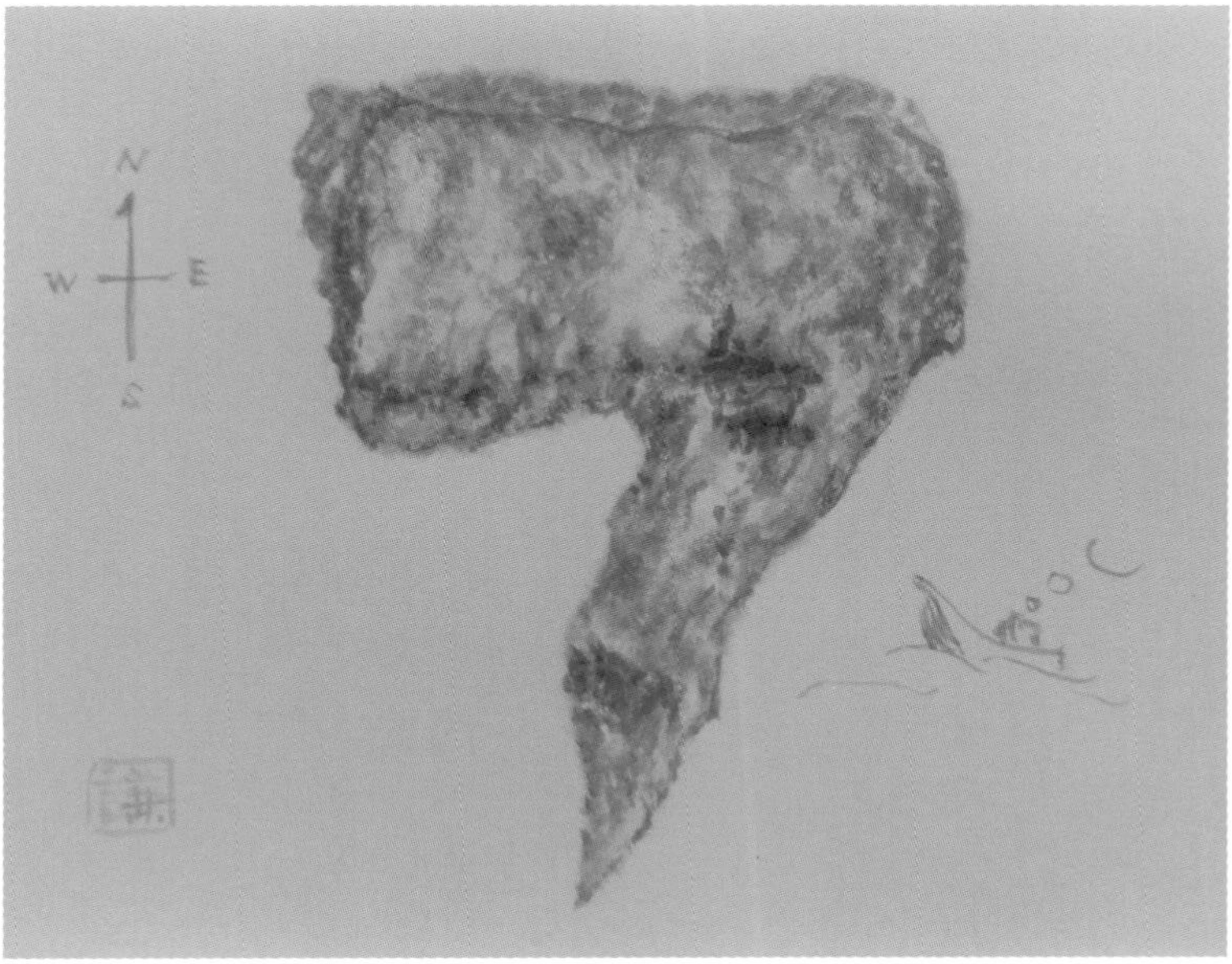


鶏のモモは、下北半島に似ていて持ちやすい形だ。

ガブリッ
最初のひと噛みに、勢い余って鼻先を肉塊にぶつけることがある。そこは恐山のある場所なのだが、決して失敗ではない。余興と思ってもらったほうがいい。むしろ鼻先に付着した鶏肉の脂《あぶら》は、食欲をかきたてる芳香に満ちている。よって、すぐにナプキンで拭《ぬぐ》う、といった始末の仕方をしなくてよい。
ガブリッ
肉の引きちぎりはつづく。やがて、モモの筋肉のもっとも筋肉らしい丸々とした部分に喰《く》らいつき、しぶきでシャツを汚してしまう。
心配はいらない。下北半島用のシャツをあらかじめ着ている。思う存分しぶきで汚してよいシャツ、と銘うっている。

さて、喰らいつきも終盤にさしかかると、骨があらわになってくる。

じつは、食事はここからが本番となる。骨の周りの肉をあらかた喰らい尽くし、骨を歯でコサギはじめる。擬音的には、こうだ。

カス〜、カシュ〜

あらかたコサイだところで、メーンイベントがはじまる。両手で骨を持って、曲がっている向きと逆の方向に折り曲げる。ニワトリに《腕ひしぎ十字がため》をかけると考えればよい。

バァキャン！　関節の所から、はずれ折れる。もしここが柔道場だったら、と、おもわず首をすくめる。２本の物体に分ける。すると、関節の白い部分が露《あら》わになる。かぶり付く。ギャブリ、ギャブリ

剥離《はくり》した親指大の軟骨を奥歯で噛む。ガリガリゴリゴリ、ばぎゃん。日本語でいえば、粉砕！

あの堂々たる下北半島が、その骨子を残して消えてしまった。すべて我が肉となり、骨となる。とくに軟骨を含めたカルシウムは、今後の我が身に、骨折という単語を消し去る貢献をしてくれるだろう。

(個人的には、半島の南部、シジミで有名な小川原湖《おがわらこ》あたりの軟骨が好みなのだが)

残ったのは、骨たちだけ。

# ワンポンドステーキを喰らう

突然、ワンポンドステーキが食べたくなったわけではない。

ある日、スーパーの肉コーナーに立ち寄ると、ソレが燦然《さんぜん》と輝きをみせ、手招きしていたのだ。

《４４６グラム》

周りのステーキのなかで、ソレだけが、浮いている。この表現は…おかしなことをする人なので「会社で浮いている」とか、「学校で浮いている」というような、比喩《ひゆ》的な「浮いている」ではなく、標高が高いという意味の「浮いている」である。

まるで、アフリカ大陸のキリマンジャロを彷彿《ほうふつ》とさせる、その姿を見て、買い物かごに入れない、という選択肢はなかった。かごは、重さでゆらりと揺れた。かごの反対側にある卵10個パックが肉のほうになだれ落ちていった。

この時点で「やっちまった」感に包まれていた。なんせ、このスーパーにひとつだけ置いてあるポンドステーキ。店側としては、マグロ一本丸のまま置いてあるのと同じ感覚で、一種の見世物、派手なレイアウトとしての飾りのつもりなのである。あわよくば、どこかの腹が減った肉食獣が現れて買ってくれればもうけものという見積りであろう。

レジを通過するのに勇気がいる。レジ係の女性に、レイアウトの飾りを間違って持ってきたオジサンの顔を見られるのがツライ。肉食獣を見る目が向けられるのが恥ずかしい。哀《かな》しいことに、このスーパーには、セルフレジはなかった。キャベツやレタスで上を覆《おお》って、何気《なにげ》なさを装った。

ウチに帰るなり、表面にニンニクを塗りたくり、塩コショーをする。キャンプのダッチオーブンを引っ張り出してきた。普通のフライパンでは、この標高（指４本分）の肉は焼けまい。

まず、表面だけコンガリ焦げ目をつけ、蓋《ふた》をした。

ここで、焼く時間に悩む。中火で１０分なのか？　弱火で２０分なのか？

結局、極弱火の２５分を選んだ。しばし…


さて、オーブンの蓋が開けられる。

かぐわしい匂いがあふれ出てくる。まだ食べてもいないのに、クラクラする。

テーブルには、温めた皿とナイフ、フォークが準備してある。

まずは、焼け具合を確かめるべく、真ん中からカット！

おおお〜〜〜〜、ワインカラーの見事な焼け具合！

ワインカラーに反応する。冷やしておいた赤ワインのボトルを取り出す。

コルクのキコキコポン！　と鳴る音、コポコポとグラスに注ぐ音色が、これからはじまる饗宴の前奏曲に聞こえないこともない。

さあ〜覚悟しろヨ、ポンド君！

# し
## 「塩」

塩をもっとも大量に使う料理は、シメサバをつくるときである。船釣りに行くと、大きな丸たんぼうのようなサバが釣れることがある。長さにして50センチ。この長さを知るには、椅子《いす》に座っている自分の膝《ひざ》から下の長さと思えばよい。大人の平均的な男性であれば、ほぼ50センチ。ついでにプックラしているフクラハギを両手で握り、「おお～こんな太さのサバなのか！」感激の声をあげてもよい。

サバを台所で三枚に捌《さば》いて塩をする。振るという程度ではなく、撒《ま》くという表現ほど撒きかける。そのまま3時間冷蔵庫でほおっておく。その後の酢《す》で締める段階は1時間となる。浅い締め方と言えよう。たまに、塩1時間、酢30分のときもある。捌いたときのサバの身のようすで変えている。あまりにも新鮮なサバは塩が入りにくい。だからといって、長い時間塩の中に入れておくと、塩漬けサバになってしまう。このあたりの塩梅《あんばい》はカンの世界となる。

サバの料理話にカンを使っている自分がうれしい。

# 第3章☆　蕎麦は食ってみなけりゃ分からない

# 蕎麦の花咲くころ

秋口に、都会を離れ地方へ足を延ばすと、蕎麦《そば》の花が満開である。淡い白が薄緑《うすみどり》の葉の上に浮かんでいるさまは、美しい。最近は、田んぼをやめて、蕎麦畑への移り換えが随所に見受けられる。上空から眺めると、稲田と蕎麦畑のパッチワークになっている。

その昔は、蕎麦は痩《や》せた土地に植えられた。栄養分の少ない土で必死に育つ蕎麦は、少量しか採れないが、旨《うま》いモノができた。いまでは、栄養たっぷりの水田のあとを利用している。すると味のほうは、どうなのだろう?とはいえ、国産の蕎麦粉が品薄だったころからくらべると、総量は、かなり持ち直したのかもしれない。

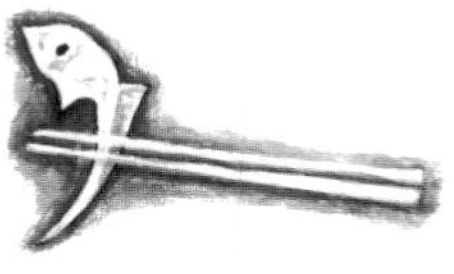

蕎麦粉《そばこ》が採《と》れるとなれば、蕎麦屋ができる。街道沿いには、あの手この手の蕎麦屋が連なっている。昼どき、車で走りながら、店を物色する。迷って入り損ねても、すぐに蕎麦屋が現れる。蕎麦屋の数軒隣りが蕎麦屋だったりする。

その日は、長野県の県北に足を伸ばした。長野の蕎麦を、「信州そば」とひとくくりにいうが、県北の蕎麦はまた味わいが深い。小谷《おたり》村は、白馬岳《しろうまだけ》や雨飾山《あまかざりやま》などをのぞむ山間部にあり、蕎麦をいただくには恰好《かっこう》のロケーションである。山登りの帰りに立ち寄るには、登山者にこの上ないエンディングを与えてくれる。

このあたりの蕎麦屋を探すには、ノボリや看板を頼りに、道をちょいと外れなければならない。カーナビには探し出せない古民家風の店構えである。風と言ったが、古い民家そのものであった。昼どきに店を訪れたのだが、二組ほどのお客しかいない。そば茶を飲みながらお品書きを探すと、壁に…

もりそば
もりそば大もり

いま日本で、もっともシンプルな食事は、コレに尽きる。海苔もなければ、お新香もない。したがって食卓の上に醤油《しょうゆ》すら置いてない。一味も爪楊枝もない。活字中毒としては、待っている間に読むものがないのがツライ。お品書きとて、ひらがなばかり。

やがて出てきた蕎麦は、シンプルきわまりなかった。蕎麦と汁、ワサビとネギ。

もりそばを墨絵で描こうとするのは苦労する。そば包丁で切られた断面のエッジを利《き》かすために、筆は平らなモノを使う。とはいえ、そば麺はくねり曲がり、あらぬ方向にねじれ、いきなり端《はし》っこが現れる。その端っこに、蕎麦を伸ばしたときの外周である名残《なごり》が見てとれる。

我ら素人がそばを打つと丸い形に広げるが、職人は長方形に仕上げる。試しに一本、ス～と持ち上げてみると、その長さで、長方形の短い方の一辺の距離が分かる。

思いのほか長い麺なので、結構大きな長方形を打っているようだ。たくさ

もりそばを墨絵で書くのはむずかしい。

んのお客を期待しているのだろうか。昼どきにはさほど客がいないが、時間帯がばらけているのかもしれない。

持ち上げたそばを、そのままススってみる。どちらかといえば、蕎麦の香りより、味で勝負している感がある。いっきに飲み込まず、しばらく噛《か》んでいると、含みのある味がにじみ出てくる感覚…

そうか…蕎麦の花がいま

咲いてるということは、香りを楽しむ新蕎麦は、この先、秋深まりてということか。

「おたり」と読む小谷村。もう一度、新蕎麦の季節に訪ねてみましょうか。

壁にもう一枚、読み物がふえているかもしれない。

「新そば入りました」

# 村の蕎麦屋のお勘定

村が営業しているそば屋だと書いてあった。その店は、長野県の金峰山《きんぽうさん》の麓《ふもと》の村に、ポツンと建っていた。秀峰金峰山から降りてきた我らは、看板に温泉マークがあるので、風呂にも入れるのかと期待して立ち寄った。

「お風呂に入れてもらえますかネ」

「3年前にやめただな」

頭に手ぬぐいを結《ゆ》わえた二人の婆っちゃまが応《こた》えてくれた。風呂は諦め、腹ぺこの腹をなだめるべく、

「もりそばとそばがき、ください」

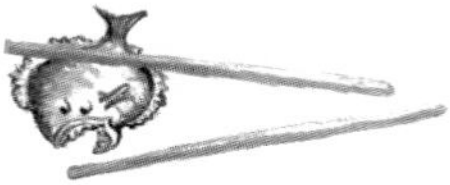

山里の古民家蕎麦屋。

仕舞屋《しもたや》を改築しただけの平屋で、蕎麦屋の案内看板がなければ、間違っても車のウインカーを出さないような《ザ・田舎》のたたずまい。

陽は傾き、丁重《ていちょう》に出されたそば茶をススっていると、お二人の会話が聞こえてくる。耳をそばだてているのだが、内容がよく分からない。

はは〜ん、コレはお国なまりだな。我がふるさと大分や青森ならまだしも、長野県で、このお国なまりとは…。

その会話に混ざって包丁《ほうちょう》を研《と》ぐような音も聞こえる。コシュー　コシュー
夕暮れの風が心なしか急に冷えてきた気がした。


しばらくして出された蕎麦は、懐かしの田舎蕎麦の味にあふれ、あまりの旨さにザルに刺さる細切れのすべてを箸《はし》でつまんだ。そばがきにいたっては、どうやってつくるのか？　弟子入りしたくなる味わい。

すっかり満足した我らは、

「お勘定おねがいしま〜す」

「へいへい、一万六千五百円でございますぅ」

「ヒッ！」

蕎麦とそばがきで16500円？

その途端、頭の中に、いにしえの昔話が蘇《よみが》えった。

「昔々その昔、山の中で、やっとたどり着いた所に、婆さまがお招きする宿があったでナ。その夜、コシュー、コシュー、何かを研いでいる音がする、コシュー―」

「アハハハ、まちごうた、まちごうた、0が多かった、アハハハハ」

婆っちゃまが顔をしわくちゃにして大笑いしている。隣の婆っちゃまも腹を抱えている。

1650円。

よくある、0が一個多い間違いに過ぎない。

過ぎないが、婆ちゃまよぉ、あまりにもシチュエーションが、完璧すぎないかい。これで、お二人でなく、ひとりだったら、たぶん、

我らは逃げましただヨ。

# 蕎麦は食ってみなけりゃ分からない

蕎麦《そば》の花が咲いている。

北から南に、まるで桜前線のように南下している。

いまや休耕田《きゅうこうでん》を蕎麦畑に転じる農家もふえ、蕎麦の花の白さと、稲の黄色が、パッチワークの彩りで楽しませてくれる。

どちらも主食になりえる力をもっているので、頼もしさに頬《ほお》がゆるむ。ゆるむついでに、ゴクンと唾《つば》ものみこむ。

秋も深まると、蕎麦の収穫がはじまり、新蕎麦の季節がやってくる。蕎麦屋も押し入れから、「新蕎麦はじめました」のノボリを取りだす。

あのノボリを見ると、まるでその蕎麦屋がこしらえた特製のノボリだと思ってしまうが、ほとんどはそうではない。ノボリだの看板だのを専門につくっている問屋から、買い求めたモノだ。

《生そば》
《生蕎麦》
《手打ちそば》
《本格手打ちそば》
《手打ち風そば》
《十割そば》

さまざまなノボリにお目にかかるが、ほとんど既成品である。もちろん既製品でかまわない。それを選んだ店主の機微《きび》が感じられれば良い。時折、いかにも手作り風のノボリに出会ったりする。おそらく主人が墨をすって手書きにした文字を、あしらった特注品だと察せられる。

蕎麦のうまさと本来関係ないはずなのだが、ノボリに惹《ひ》かれて店を選ぶ、ひとつの要因になる。《店主のコダワリ》をみた気になるのかもしれない。そこまでやるのだから、蕎麦にも徹底した何かがあるだろう。何かがなんなのか、よく分からないのだが、その何かが、最後の最後に、蕎麦の味にプラスを与えてくれるのだろうと信じている。信じるのは勝手だ。

あるとき、青森県の岩木山の周りをグルリと巡っていると、たくさんの蕎麦屋がノレンをはためかせている。適度の間隔で新たに現れる蕎麦屋に、こころを動かされる。比較的地味な看板が、よけいに蕎麦心をそそる。古民家風や合掌造り《がっしょうづく》りの店構えにヨロリとしてしまう。

かと思えば、突然プレハブの店が現れたりする。《店の外観にお金をいっさい使いませんでした》宣言をした店といえる。《そのお金をすべて蕎麦に使います》宣言の店ともいえる。

この店を見つけて車のウインカーを出さない手はない。

サッシ状の入り口をギシギシいわせながら開けると、四角テーブルがふたつ。それぞれに丸椅子が四つ。そば茶は自分で入れるシステム。

壁の張り紙に、もり蕎麦600円の文字。売り切れ次第終了の但し書き。こ

岩手山のふもとの蕎麦畑。

のようなプレハブ造りの蕎麦屋には、日本のアチコチでお目にかかる。そのたびに立ち寄るのだが、総じて期待外れは少ない。とはいえ、それを信じていいのかどうか…。ところでこの店は冬はどうしているのだろう？　さすがに雪深く、客は来られないだろうから、雪のないときしか食べられない季節蕎麦屋かもしれない。そういう意味では、プレハブの本来の役割を果たしている。

しばらくして出された蕎麦は、ただでさえハマっている青森蕎麦の背中を思いっきり押してくれた。これで、６００円。プレハブだからこその値段だとお見受けいたす。やはり、

「蕎麦は食ってみなけりゃ分からない」

# 蕎麦がきをつくる

《そばがき》」はどうやってつくるのだろう? ふと思ってしまった。

蕎《そ》麦《ば》屋《や》で出てくる、そばがき。店によって、つくり方が違うらしく、形も姿も異なる。味のほうも、微妙に変わる。かけるタレも違う。

「コレこそが、そばがきの食べ方」なるものを見たことがない。

だからだろうか…つくり方に関しては、触れないようにしていた。

そんなとき、群馬県の道の駅で、そば粉を買い求めたら、裏にそばがきのつくり方が書いてあった。ご紹介しよう。

そば粉７５グラム、水２００ｃｃ

①鍋《なべ》に、そば粉と水を入れて、よくかき混ぜ、そば粉を溶かす。
②強火で火にかけ、沸騰《ふっとう》するまで手早くかき混ぜる。
③ねばりが出てきたら、全身の力を込めるようにしてかき混ぜる。
④濡れタオルの上に鍋をおろし、きめ細やかになるまで混ぜる。

いかがだろうか？　要は、コレに尽きる。

「混ぜる」

かき混ぜて、かき混ぜて、混ぜる。

解説の中に「混ぜる」という言葉が4回でてきた。混ぜるという言葉を省くと、「よく、手早く、全身の力をこめ、きめ細やかになるまで」となる。

しかし、何を使って混ぜるかは書いていない。

強火で火にかけ沸騰、という表現をみると、素手で混ぜるのではないことが分かる。やけどする。

ただし、全身の力を込めるように、という表現がある。

ここはどう解釈したらいいのだろう？　箸《はし》で全身の力が込められるだろう

か？　お玉？　泡だて器？　すりこぎ？

できたモノをどうするかは、書かれていない。自由にどうぞということらしい。よし、いまからつくってみよう！

人生初のそばがきづくりがはじまった。


書いてある手引き書を確かめる。

調理用秤《はかり》で、75グラムと200ccを軽量する。鍋と箸と、念のためスリコギと、木べラを用意した。濡れタオルも敷いた。

息を止め、意を決する。なんせ、
《全身の力を込める》というフレーズが、挑戦者を怯《おび》えさせている。

「たかが、そばがきじゃないか」

という戦前の甘えた考えをはじきだそうとしている。

戦いではないのだが、頭にハチマキを巻いた。腕まくりをし、天井をむいて気分を鎮める…やには！

鍋にそば粉と水を投入。箸で、よくかき混ぜる。なかなか混ざらないので、

とにかくよくかき混ぜてできた、自作そばがき。

よくかき混ぜる。混ぜるという文字には忠実である。

先生のいうことを聞くことにかけては、良い生徒であろうとしている。

次に、ガスの火をつけ強火にする。手早くかき混ぜる。文字どおり、手を早く動かすのだが、「こんなでホントに固まるのかな?」と、疑問が湧いた…直後、ヌチャっ、箸が重くなった。

急にツブツブがふえ、箸に抵抗がかかる。ネバリが出てきた。。

次、なんだっけ？

「ネバリがでてきたら」うん出てきた出てきた、ものすごいネバリ。すでに、腕はパンパンになりかけている。

両足を踏ん張り、左手で鍋をがっちり掴《つか》み、右手で箸をグルグル回す。

ああ〜もうだめだ！

「全身の力を込めるようにしてかき混ぜる」

手引書のこのフレーズは、あながちウソではなかった。言われなくても、全身運動だ。

ハァハァ、最後だ。

「濡れタオルの上に置き、きめ細やかになるまで混ぜる」

額のタオルでぬぐい切れない大汗が、アゴに垂れる。ウンショウンショ！

できた！

すぐさま、木ベラで鍋からすくいとり、器に移す。

そばつゆとワサビにネギで、まず一口。
おおお〜〜〜
なんというねっとり感。それでいて、そばのかぐわしい香り。
舌だの歯茎《はぐき》だのにまとわりつく独特の食感。ぬちゃ、パクパク、ぬちゃパク
…７５グラムといえば、ザルそばより少ない。それでも、満足感たっぷり。

わたしはいま、蕎麦屋さんに謝らなければならない。

いままでこう思っていた。

「ただお湯で捏《こ》ねただけなのに、丹念に打ったもり蕎麦と、値段が変わらないのはおかしいじゃろ」

この考えが間違っていたことが、たったいま分かった。

全身の力を込めた、ほとんど戦いともいえる、そばがきづくり。

今度からお店で注文するときは、ていねいにこう言おう。

「そばがきを、おつくりいただけますでしょうか？　どうかお願いいたします。値段に文句言いません。残しません」

# 洞窟祭りで蕎麦を

「イシマルさん、氷筍《ひょうじゅん》を観《み》に来ませんか?」

洞窟探検家、菊地さんから連絡が届く。

氷筍とは、氷がたけのこのように、ニョキニョキと伸びたモノだ。0度を下回った洞窟の中に冬の間だけできる。どこでも見られるモノではない。

岩手県の北部の久慈市の山中に、稀有なる洞窟がある。

《内間木洞》 うちまきどう
「年に1回しか入れないんですヨ」

冬しか見られないこの機会を逃すなと誘っている。

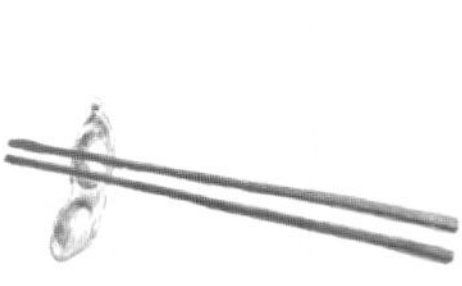

洞窟の入り口にたどり着いてみると、なんと雪崩《なだれ》で入口が埋まってしまっていた。村人が、雪かきをして掘り出している。なんでも、この日は、氷筍祭りが催されるらしい。氷筍を見るために、県内外から大勢の人が訪れるそうだ。

探検装備を点検していると、入口近くにある集会所の内部でトントン音がする。覗《のぞ》いてみると、近所のおばちゃんたちが数人、蕎麦《そば》を打っている。大量のそば粉を広げ、次々に捏《こ》ね上げている。

「これ全部、蕎麦打ちするんですか？」

「ああ、アンタらが洞窟から出てきたら、食えるで」

姉さんかぶりの手ぬぐいが似合い過ぎのおばちゃんたちがつくる蕎麦のほかに、イワナ焼きだの焼餅だの、美味《おい》しそうなおやつもこしらえている。

蕎麦はメインディッシュ扱い。

岩手県をはじめ東北地方では、蕎麦を打つのは女性の役目。蕎麦職人といえば、どうしても男性を思い浮かべてしまうのだが、こちらのおばちゃんたちにとっては、蕎麦打ちはお米を焚《た》くのと同じ感覚。

なにかといえば蕎麦を打つそうだ。さもあらん、捏ねも打つのもすこぶる早い。ノドボトケを鳴らして、いざ洞窟へ向かう。

内間木洞とは、日本で長さでは上位にくる洞窟だ。6350m＋α（アルファとは、まだ未発見部分）

ヘルメットにツナギの服。完全装備で洞内へ。気温7度。日本中のアチコチから集まった精鋭ぞろい洞窟好き16人が、目を輝かせて暗闇を照らしながら入ってゆく。男女比は半分半分。学生からオジサンまでさまざま。

洞窟とは、女性が圧倒的に有利な場所である。小さくて身体が柔らかいほうが、狭い空間移動に役立つ。肝っ玉が太いのも、やはり女性。山ガールならぬ、穴ガールが、先頭を仕切っている。

氷筍はおもしろい。鍾乳石《しょうにゅうせき》の石筍《せきじゅん》は、上に向かって先細りになるのだが、氷の場合、下部より上部が大きくなる。長さも、3メートルを超えるモノまである。

そんな氷筍が、数百本林立している、幻想的な光景だ。

この洞窟は、大きく分けて４つの主洞からできており、さらに枝分かれしているので迷路洞窟ともいわれる。

ヘルメットに装着してあるＬＥＤライトが穴の先を照らす。テレビドラマや映画で、洞窟を進むシーンがあると、たいがい、立って歩いている。しかし、自然洞窟では、立って歩ける場所のほうが少ない。腰をかがめている確立は高い。四つんばいも多い。匍匐《ほふく》前進《ぜんしん》やぶさかでない。平面移動はほとんどない。つねに登ったり下ったり、岩を乗り越えたり崖を横にトラバースしたり、タテ穴を降りていったり。登攀《とうはん》が困難な箇所には、ラダー（縄ハシゴ）をかける。

４時間も格闘したころ、ある場所にたどり着いた。菊池氏が指さす。

「ココにある穴ポコは、こう呼ばれています」

《人選《じんせん》の門》

この穴をくぐれたものだけが、先に進め、世にも美しい世界を眺められると知らされた。

穴ポコに近づいてみた。小さく狭い。探検隊のなかで一番小さな女性が、ズルズルと入ってゆくが、ちょこっとツカエている。（ふむ…人を選ぶのか…）

通れなければ、それでおしまい。Uターンをして帰るしかない。世にも美しいと聞けば、行くしか

林立する氷筍を折らないように、ソロリソロリと…。

ない。いざ！

頭と両腕が通ったところでグッ、胸がつかえた。つかえた状態で、息を吐く。ス～ス～、胸がもっとも小さくなった瞬間に、グッと進む。ス～ス～、肺から息をさらに吐きだし、グッと進む。

グッグッ、おっととと、進めば進むほど身体が詰まってきた。

やばっ？　あの言葉が浮かんだ。

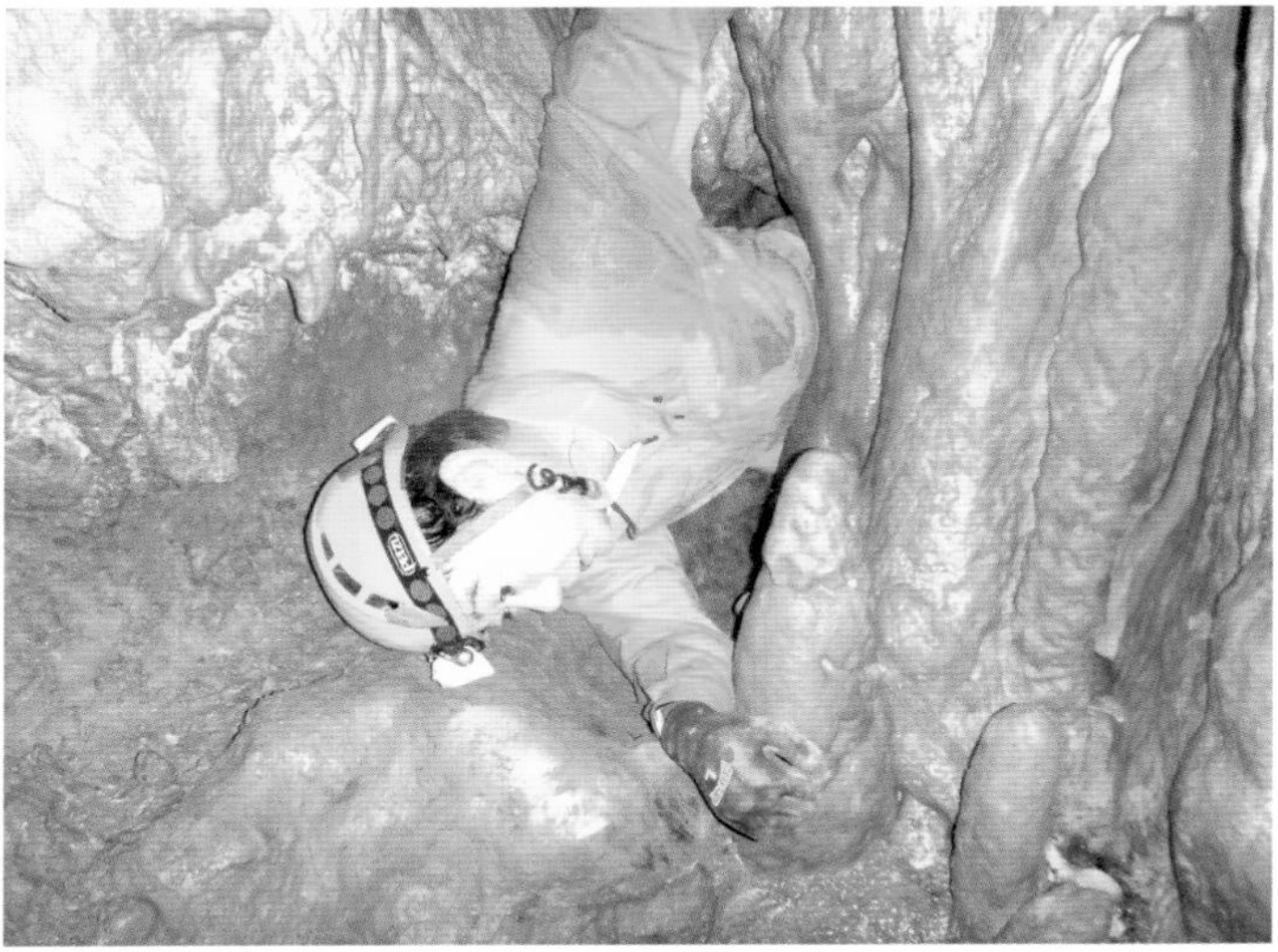

人選の門。肺から息を吐きだし、グッと進む。

「にっちもさっちも」

わが身体は、地下深くの洞窟の非常に小さい穴に、ボッコリはまっている。

この言葉も浮かんできた。

「進退きわまれり」


「せ〜の」先に入った人が、二人がかりで手をつかんで引っ張ってくれる。

ズボッ、抜けた！　やったやった！

まてよ…抜けたのは良かったのだが、当然、帰りもこの穴を通るんだよな？

もし通れなければ、おばちゃんたちが打った蕎麦は食えないんだよな。

生きて帰れるかどうかの瀬戸際に、ノドボトケを上下させながら、蕎麦を思い浮かべていた。熱々の田舎蕎麦のなかに浮かぶフキノトウのテンプラに想いを馳《は》せていた。

その後数時間、痩《や》せ細ることばかりに集中している探検隊員となった。

# フキノトウと蕎麦

キャンプ場で、天ぷらを揚げている。
道中の山菜売り場で買い求めた、フキノトウの天ぷらだ。袋状になった実を指先でひろげ、天ぷら粉を水で薄く溶《と》き、かるく浸したら、熱々の油に沈める。はじけるような音に、食欲まではじける。
こうなると、蕎麦《そば》の出番となる。水が豊富なキャンプ場では、蕎麦は簡単に茹《ゆ》であがり、冷水で洗われる。
皿に蕎麦を盛り、花が咲いたような形に揚がったフキノトウを飾りつける。ほんのり湯気があがり、夕暮れのキャンプは至福のひとときとなる。

フキノトウの天ぷら蕎麦。

もりそばを食べるときに、これを一緒に食べたいと思わせる筆頭が、フキノトウの天ぷら。薄緑の苦《にが》みが、そばの味を際立《きわだ》たせる。

川の土手に、フキノトウの群生地を見つけることがある。ひょいと座っただけで、１０個以上の大群に出会うと、軽いパニックに陥る。ハッと気づくと、袋の中に何十という実が溜まっている。採りすぎたかな？　保存方法はどうやったらいいのだろう？

以前このまま冷凍し、後日解凍すると、べちゃついてしまったことがあった。美味《おい》しくなかった。だからといって、すべて煮《に》しめにするのも、もったいない。望みは、天ぷらでそばとともに食べたいのである。はて…

「採ったとき、全部油で揚げちゃえばいいんですヨ」

《ロッジすみや》のご主人が教えてくれた。北八ヶ岳の蓼科《たてしな》にロッジをご夫婦で経営しており、長年お世話になっている。７０歳を超えているのに、やたら活動的なお二人で、さまざまなワザを教えてくれる。八王子出身なのに、

「おらぁ、江戸っ子だからよぉ～」

と意気込むご主人は、セッカチを絵に描いたような人だ。あるとき、奥様が急病で救急車を呼んだときのこと、なかなかやってこない救急車にイラついて、みずから車を走らせ救急車を迎えに行ったのである。ほとんど意味のない行為なのだが、本人はいたって真面目。

「ピーコーピコ、音ばっかりでヨ、近づいてきやしねェ！」

セッカチさんが言うには、フキノトウはテンプラにしてから、冷凍したらいいのだそうだ。食べるときには、解凍後、トースターで軽く焼けばよい。ほどよく油も落ちて、カラッとなる。

「おらぁ、フキノトウのテンプラは、パクッとひと口で食っちまうぜ。5個や10個は軽くいっちまうわナ」

# 蕎麦の青春はじまる

蕎麦《そば》は１００キロ走るといわれている。その意味は…

蕎麦を食べたくなる衝動にかられ、１００キロ先のお店まで６００円の蕎麦を食べるために、数千円の高速代を払ってでも食べに行くという。

蕎麦にかける情熱とは、並々ならぬモノがある。それも、年を召した方にその情熱は偏《かたよ》っている。なぜだろうか。

長いあいだこの命題を考えつづけてきた。導き出した答えは…


蕎麦を美味《おい》しく感じるようになるのには、時間がかかるのではないか？

蕎麦という名前のモノは子供のころから食べている。

10代、20代には、腹を膨《ふく》らませる安いモノとして食べている。やがて30代、40代になったころ、ふと以前より蕎麦が旨《うま》く感じるようになった自分に気づく。

50代になって、蕎麦にかなりの傾倒をしている我が身がいとおしくなる。60代ともなると、《蕎麦こそ人生》などと、紙に書いて壁に貼《は》ったりするようになる。そこまできて、ハタと気づく。蕎麦とは、《旨みが脳に届くまでに、とても長い時間がかかる食べもの》なのだと。


たとえば、ステーキをはじめて食べたとき、あまりの旨さに胸が高鳴った。世の中に、かほどに旨さが直撃するモノがあったのか！

たとえば、子供のころのチョコレートがこれにあたる。ひとかけ口に入れた途端、得《え》も言われぬおいしさに、猫《ねこ》のように甘え声をあげてしまった。このどちらも、旨さが脳みそに届くのに、一瞬の時間しかかからない。

「はい食べました、はい美味しかった！」

単刀直入とはこのことで、非常にわかりやすい。

ところが、蕎麦という食べものは、穏《おだ》やかなスローモーションのような伝わり方をする。時とか、日にちとか、月とかを超越し、長い年月かけて、人の脳みそをゆっくりと揉《も》みほぐしてゆく。まるで気の長い催眠術をかけられているような伝わり方である。ほとんど人生の大部分が、蕎麦の味を伝える時間に費やしているかのような錯覚さえ起こる。

そして、それは確実に伝わっている。

４０代にジワジワきた感覚をつかみ、５０代に、「きた〜」と蕎麦屋でうっぷし、６０代のいまや、伝わりきっている感満載で蕎麦屋のノレンをくぐる。つまり蕎麦好き人間としては、いま現在、蕎麦青年だと胸を張ってよい。蕎麦の青春まっさかりの季節がついに訪れたのである。

蕎麦青年ともなると、１００キロ走るどころか、飛行機で飛んでゆく人さえいる。《蕎麦街道》などという文字看板を見つけた日には、朝食を抜き、日に何食か蕎麦で満たそうと青年は思う。

当然、旨い蕎麦にありつこうと店探しをしているのだが、「職業に貴賤はない」との言葉を蕎麦に置き換え、「蕎麦に貴賤はない」と信じ、どんな蕎麦でも許す度量をはぐくんできた。

とは言いながら、なんとなく立ち寄った店で、ドキリとするほどの蕎麦に遭遇したときほど、心躍る瞬間はない。

おしまいの蕎麦湯をすすっているころに、この店を発見した喜びを静かに噛《か》みしめ、心の中で正座合掌《せいざがっしょう》をしているのである。

たしかに、ここまで長い年月がかかった。その昔、蕎麦屋で日本酒をチビチビ呑んでいる爺《じい》さまに憧れはしたが、アレは形だけのモノだと、斜めに見ていた。蕎麦をツマミにお酒を呑むなんて、と鼻で笑っていたものだった。その笑いを、いまは引っ込めている。逆に蕎麦屋で若者に笑われる喜びを味わおうとしている。笑われながら、優越感に浸《ひた》ろうともしている。

蕎麦青年は主張する。

君たちがどんなに若さを謳歌《おうか》しようとも、年月という、お金では買えない時間の蓄積の果てに、ついにというか、やっとというか、蕎麦の旨さを知る味覚を、ボクらは手に入れたのだ。

豊後高田市にある蕎麦屋「響」。人気メニューが「軍鶏汁十割そば」。

クレープだとかピザだとか、脳を直撃する食べ物が溢《あふ》れる現代において、時間しか解決してくれない蕎麦の味にたどり着いた青年翁たちに、

乾杯！（そば湯で）

# 海外旅行から帰ってくると

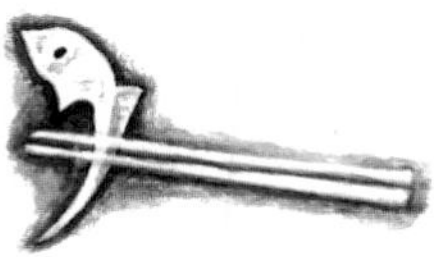

海外旅行から、日本に戻ってきて最初に食べたいモノは何だろうか？　寿司？　牛丼？　ラーメン？　天ぷら？　それともカレー？

「いやいや、それは蕎麦《そば》でしょ」と年配者が口をそろえる。私の意見は、そこにもうひとこと付け加え、断言する。

「立ち食いそばだな」

それは、十割蕎麦だの本格手打ち蕎麦だのという、位の高い蕎麦には目もくれない、駅前の立ち食いそばである。ワンコインでお釣りがくる立ち食いそば屋の甘酸《あまず》っぱい香りと、濃いめのだし汁…。帰りの飛行機の機内で、思い浮かべているのは、それればかり。

注文してから蕎麦が出てくるまで、1分かからない食べもの。レストランでアピタイザー（前菜）が出されるまで思いっきり待たされた海外旅行の、うっちゃりとしては理想的な、素早い立ち食い瞬間芸。

「春菊天ぷらを入れようか？　卵は生か、温泉卵か？」

妄想が、ゴーゴーと鳴る飛行機の騒音にまぎれて悩みどころになる。

「2個セットの稲荷《いなり》ずしを一緒に食べよう」

具体的な想像を膨《ふく》らませていると、機内の目の前のトレーには、朝食だと言われて、バターパンが置かれてある。たかだか一週間海外にいただけなのに、蕎麦への切なる想いは、ますます肥大する。

もはや立ち食いそば以外では、なにものからも栄養を摂取できない身体に仕上げられた自分がいる。舌《した》と喉《のど》が人格を主張し、「立ち食いそばいずこ！」と騒いでいる。ここまでくると、この衝動にはきっと理由があるハズだ。立ち食いそばにこだわる理由。

考えてみれば、立ち食いそばを食べた歴史は長い。50年になんなんとする。蕎麦の味を脳にインプットするのに時間がかかるものだが、繰り返される立ち食いは刺激がおおきい。なぜだろうか？

それは空腹感である。

立ち食いを食べようと思い立つときは、お金がない、時間がないというよりも、腹の空《す》き方で判断されている。舌が要求しているのではなく、胃袋が欲しがっている。

これが繰り返されると、身体全体で蕎麦を要求するようになる。ガツンという刺激が欲しくなる。関西人の言うところの、「ありゃただの醤油《しょうゆ》にお湯足しただけやで」の刺激が、しだいにこころを打つようになるのである。「ただの醤油」といわせない説得力が、立ち食いそば屋の匂《にお》いとノレンを使って、おいでおいでをしている。

立ち食いそば屋の入口の扉はつねに開いている。あれは、人の出入りを簡単にする役目だけでなく、匂いの放出の演出にひと役かっている。「駅の匂いとは」という問いに、「蕎麦つゆの匂い」と答えた人がいるほどだ。吸引力としては、焼肉屋に負けじと換気扇フル回転で、集客に努めている。

では、海外旅行の最中にずっと、立ち食いそばのことを考えているのかというと、それは違う。むしろまったく忘れている。飛行機が空港に近づき、日本語のアナウンスが流れ、見覚えのある山の形を認めたころに、あの匂いが鼻孔《びこう》の奥に蘇える。舌の味蕾《みらい》が活性化し、そば仕様にむくむくと頭をもたげるのである。

そしてまれに、海外便機内の最後の食事に、小さな蕎麦が添えられて出されることがある。思わず目をおおきく開き、唇を尖《とが》らす。

「いらんことすな！」

# 讃岐うどんの食べ方

「讃岐《さぬき》うどんを、讃岐で食べたい」

いま、讃岐うどんは日本全国に進出し、どこでも食べられる。大きなスーパーの食事コーナーに、軒を構えたりしている。讃岐とは関係ない高速道路のSAで、湯気をあげている。その昔、とんこつラーメンが日本各地に進出した現象に似ている。

やはり本場でシステムを再確認し、食べてみようじゃないか！　ということで、関東から車で向かった。遠かった。二日かかった。本場を味わうとは、それなりの覚悟がいるのだと理解した。

《人は蕎麦《そば》を食うために、１００キロ走る》との格言をはいたことがあるが、

人は、うどんのためにもその衝動があるのだと気づいた旅となる。

香川県の高松市に着くやいなや、うどん屋が現れた。そこかしこに大きな看板が掲げられているが、そのわりには、こじんまりした店構えである。どの店に入ろうか、迷いだしたらキリがない。決断力を問われている。

ガラガラガラ〜

選んだ店は、都会にあったら決して入らないような古い民家だった。古民家といえば聞こえはいいが、ただ古い家である。

ところが中に入ると、掃除《そうじ》が行き届いており、雰囲気がいい。老夫婦二人で、やっている。讃岐では、ほとんどがセルフとなる。麺の量だけいえば、茹《ゆ》でてくれる。ネギだの天ぷらだの汁だのは、自分で注ぎいれる。

うどん一玉　　　　１６０円。
天ぷらと卵をつけて　３５０円。
かかった高速代は　　片道２１２５０円。

せっかく来たのだから、うどん屋のハシゴをする。一軒目の店を出たら、はす向かいにうどん屋があった。とんでもない密集である。宇都宮の餃子屋でも、もう少し歩いてから店が現れたものだった。餃子なら一人前だけ食べてのハシゴはできるが、うどんとなると腹の問題が大きい。隣にあるのは嬉《うれ》しいが、もう少し歩くことにした。

次に見つけた店は、何から何までセルフの店。茹でる麺の量だけ伝えると、あとは自分ですべてやらなければならない。ネギにいたっては、外の畑に摘みにいき、店に戻り包丁で刻む。やっていることは、《サクランボ狩り》や《みかん狩り》や《サツマイモ掘り》に似てなくもない。料金を払った客が労働を手伝っている。

たまたまそこに、香川のテレビ局が取材に来ていた。アナウンサーがうどんの試食をしているらしい。ものめずらしくそっちを眺めていたら、

「すみませ〜んアナタ、カメラを見ないでくださ〜い」

ＡＤさんに指さされ、注意をされてしまった。立場が変わると、こんなことも起こる。

翌朝、７時からやっている店を見つけた。そんな時間から。うどん屋は活気がある。若いアンチャンが作業着姿でやってくるや、大盛りうどんに、天ぷらをごっちゃり乗せて、卵を入れ、無料の天カスを大量に投入し、さらに無料の青ネギをスプーンで１０杯以上放りかけ、慣れた手つきでダシを注ぎ、テーブルにドンと落ち着く。

あんなに食べるのかと感心していると、ドンと置いたその隣に、もうひとつドンが置いてあるではないか！　えっ、いまのは、２杯目だったのか！

彼の一日はこうしてはじまるらしい。

良かったネ、讃岐に生まれて…。

# 日田焼きそば

《日田焼きそば》をご存知だろうか？

大分県の日田市で食べられる焼きそばである。

「え〜そんなもん、どこでもあるでしょ」

たぶん、皆この感想を持つ。

しかし、この焼きそばの実力ははかり知れない。旨《うま》いか、旨くないかなどというレベルの単位ではない。食べた人だれもが、驚いてコブシを突き上げるといわれている。（言ったのは、いまこれを書いている人物だが）

日田焼きそばの作り方は変わっている。それより何より、「焼きそば」という言葉の原点に触れている。

「焼きそば」と銘打つわりに、日本中のあまたの焼きそばは、焼いていない。焼きそばといいながら、炒《いた》めものになっている。鉄板の上でジャ〜ジャ〜と麺と具を炒めている。つまり、《炒めそば》である。

ところが、日田焼きそばは、文字どおり焼くのだ。鉄板の上でガンガン焼く。麺を焼く。「そんなに焼いたら…」

消防関係の人が見たら心配するほど焼く。コンガリ焼いて、そこに投入するモノは、豚の角切りとモヤシだけ。

（キャベツなどの水分の出る野菜は入れない）

味付けは、甘辛の独特の調味料。最後に卵黄ポトリ。シンプルきわまりない。

カリカリ（麺）シャキシャキ（モヤシ）の、歯ごたえ充分のオカズができる。

そう、コレはオカズといってよい。

ビールのつまみであり、ご飯のオカズである。

この焼きそばの旨さは、日本の焼きそば界のなかでも突出している。とはいえ、この焼きそばを宣伝しているわけではない。単に、自分が食って旨いと感じ、また食べに行こうかナと、喉《のど》ぼとけを上下させているだけである。

最近は、大分空港のおみやげ売り場でも売り出したので、買い求め自宅でつくっている。ただし、そのときのつくり方が問題だ。カリカリになるまで焼くには、ガマンがいる。フライパンの上で、煙が出るまで焼くのは勇気がいる。

「いくらなんでも、この辺で火を止めよう」

妥協したくなる。しかし、カリカリを追求するには、これまで生きてきたなかで見た焼きそばの常識を、捨てなければならない。

話を戻すと、「炒め」の考えを「焼き」に移行する。

ええ〜い！　意味がどうしても分からないというのなら、餃子にたとえよう。

アナタは餃子を炒めますか？　餃子は焼くでしょ。

ならば、勇気をもって、日田ヤキソバは焦げがつくまで焼きなさい！

# てびちそば

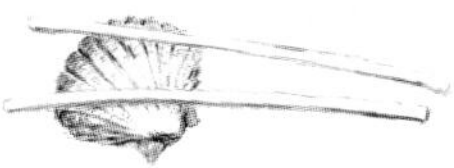

トンソクは沖縄ではテビチと呼ぶ。豚足が、手ビチなのだから、豚のソレは、足ではなく、手だと言っている。

写真は、沖縄空港にある空港食堂の、ガラスショーケースを写したモノだ。この食堂は、ちょいとマニアックな場所にあるため、一般観光客の目にとまりにくい。現在の新しくなった空港建物に変わる前から、この食堂はあった。いまよりもっとマニアックで、知る人ゾしか食べに来ていなかった。つまり、地元の人の食堂感が強かった。

当然、味もメニューも、ご当地風である。肉野菜炒《いた》め定食に入っている肉は、スパムだ。缶詰のスパムは沖縄の味といっていい。

テビチソバにいたっては、ショーケースの見本によれば、やたらデカイ、トンソク…ではなく、テビチがふたつ乗っかっている。まさか見本通りのものが出てくるワケないだろうと、タカをくくっていたら、看板に偽りはなかった。感動モノの大きさに、店の誠意をいただく。

そばと書かれてあるが、沖縄でそばとは、いわゆる蕎麦《そば》ではない。どちらかといえば、うどんとラーメンの中間のような存在だ。汁もちゃんぽんの味に近い。

発音するときも、「そば」というより、「すば」が現地読みに近い。もっと正確に似せようと

テビチソバ見本。

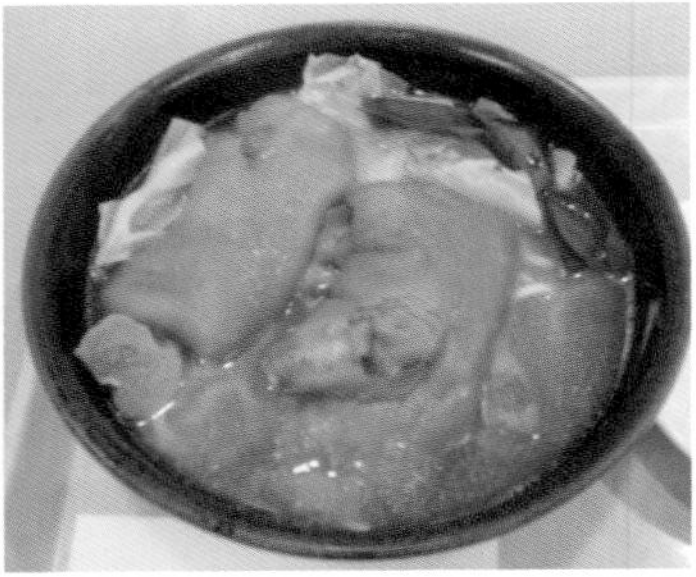

テビチソバ実物。

するならば、「び」と「ば」の濁点を丸にすればよい。ならばってんで、注文するときに「てぴちすぱ」と発声してみたら、店の方にいたく喜ばれた。

１０年以上前に、この店のショーケースで写した写真を引っ張り出して見てみた。おんなじだった。食堂とはいいものだ。何年たっても、そう簡単に、メニューの「中身」が変わらない。

ついでに、沖縄で「ナカミ」と注文すれば、内臓料理（ホルモン）が出てくる。

人間の内臓もナカミであることを意識させようとしているのだろうか。

## す

## 「酢」

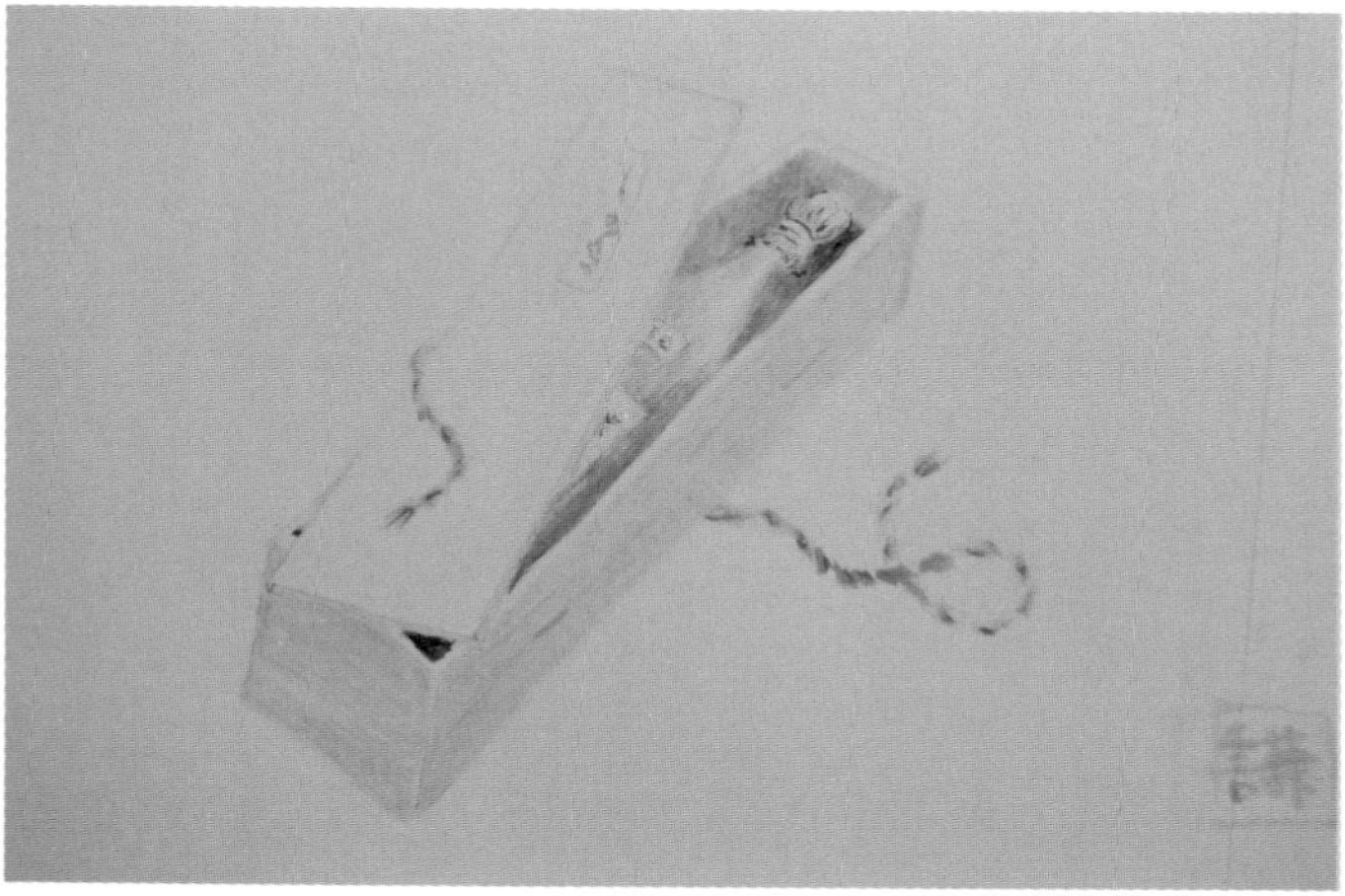

酢という漢字は、「酒から作る」と書いてある。日本酒をほおっておくといずれ酢になる。つまり日本酒は醸造酒としては稀な酒かもしれない。たとえば、同じ醸造酒でもワインは長い間ねかしておいても飲める。紹興酒《しょうこうしゅ》は老酒《ラオチユウ》になる。なぜか日本酒はできたての新鮮なうちに呑んだほうがいいと勧められる。

あるとき、いっさいお酒をたしなまないご年配の知人宅にお邪魔したことがあった。蔵の中から秘蔵の日本酒を持ち出してこられた。「この日のために長年とっておいたいただきモノですじゃ」桐の箱から出てきた一升瓶のフタをていねいにあけ、グラスに注いでくれる。おしいただき口元に近づけると、なにやら酸っぱい香りが…常日頃大変お世話になっている大老に、「コレは酢です」とも言えず、（毒ではなかろう）覚悟でゴクリと呑みこんだ。やはり酢そのもの。（ええいままよ）目をつぶって一気にグラスをあけた。

「おお〜ご立派な呑みっぷり！　さ、さ、もう一杯！」

# 第4章☆　コダワリの食文化論

# 黙って食べなさい

時代は、伝染病対策として、「食事中は喋《しゃべ》らないように」と言われている。静かに食事をしましょう。大きな声はやめましょう。

考えてみるに、日本で、食事中に、活発にお話をしようと心がけるようになったのは、いつからだろう?

昭和28年生まれのボクが小学生のころ、つまり50年以上前、家庭のしつけとして、食事中は、無駄口をきいてはいけなかった。

ちゃぶ台の前に正座して、神妙な面持ちで、ただただ箸《はし》を動かす。

「ねぇねぇ、今日学校でネ〜」などと、言い出そうものなら、

「けんじろう、黙って食べなさい」叱られたものだった。

さらには、ペチャペチャ音をたてて食べると叱られる。箸の音をたてると叱られる。肘《ひじ》を張って箸を動かすと、叱られる。あぐらはもちろんダメ。ゲップもダメ。よもや屁《へ》でもひろうものなら、次の食事は抜かされた。

「いただきます」ちゃんと両手を合わせて食べはじめ、「ごちそうさまでした」食べ終わると両手を合わせる。

静かな儀式のような食事風景が、当たり前のように繰り返されていた。それがいつの間にか、「喋りながら食べましょう」ってことになった。談話のある食事風景を推奨された。たしかに、こちらのほうが、健康にもいいだろう。最近では、談話なんてものじゃない。大騒ぎしながらの食事風景、いや飲食風景である。

いったい、あのしつけはどうなっちまったんだろう？

もうどうでもいいのか？

っと、いぶかっていたところ、今度は、「黙って食べましょう」が復活した。

やむなくそういう世の中になった。

昔、そのしつけを受けた者にとっては、さほどイヤではない。

ま、それもありかな…程度にかまえている。

しかし、生まれたときから、おおいに喋りながら食事をしていた人たちにとっては、難儀《なんぎ》きわまりないお仕置《しお》きに等しい責め苦であろう。

なんたって彼ら、いや彼女らにとって、食事は主食で、お喋りは、オカズなのですから…

どうか、お身体を壊しませぬように。

# 万噛み計

《万歩計》の名前はどうやってつけられたのだろうか？
企画会議で、喧々諤々《けんけんがくがく》。
《10歩計》ありえない…
《百歩計》すぐ歩けるだろ…
《千歩計》いいかもしんない！
《万歩計》おい、だれか歩いてみろ！

ってんで、万歩計に落ち着いたような気がする。

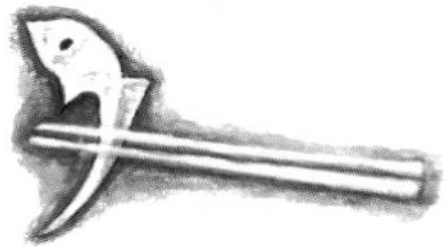

さて、今日の話は、この万歩計にヒントを得ている。
毎日、歩くと同じように行っていて数えられるモノは何？
《噛《か》む》
日々、我々は噛みつづけている。この噛む回数をカウントするマシンをつくれないものかな？　噛むたびに、イチ、ニ、サン、と記録してゆく。噛み方によって、強度すら記録されるかもしれない。
履歴を見ると…さまざまな噛み情報が表示される。
噛み度数…　　　３８７回
噛みバランス…　　右１２４回、左２２回
噛み消費エネルギー…　８２０キロカロリー
総噛み時間…　　　１８分１８秒
最強噛み力…　　　１５スッポン
《スッポン》とは、噛み力理化学研究所が開発した係数だ。（ウソです）

さて、万歩計の場合、腰に装着される。

では、このマシンはどこにつける？　アゴかい？　喉《のど》かい？　耳？　まさか…鼻？　この問題は先に送ろう！

それより、このマシンの、名前を考えなければならない。噛むという漢字の音読みは、一般的でない。ゆえに、訓読みのまま名前を考えよう。

《万噛み計》

まてよ？一万回も、どんな努力をしても噛めない。

《千噛み計》

いやいや、無理だ…

《百噛み計》

う～む、百回は軽くパスしそうだ…

よ～おし、いっそ、これでどうだ？

《噛み噛み計》

# 食事のあとの満足感

食事というものは、満足感を求めている。腹八分という言葉もあるから、決して満腹感ではない。最初の一口の満足感、食べ進む満足感、食べ終えた満足感。では、次の言葉は正しいでしょうか？

「食べているときに美味《おい》しく感じる食事は、食べ終えたときに満足感がある」

はい、と答えたあなた…

あなたは、アレを忘れていませんか？　アレとアレを…。

じつは、二つのものが、食べ終えたとき納得できないことに気づいたのだ。

まず、ひとつ目。

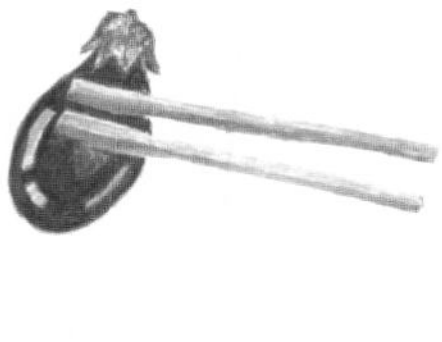

《カキ氷》

真夏、炎暑のなかで食べるカキ氷は美味《うま》い。これほど素晴らしい食べ物はない。カキ氷が食べられる時代に生まれて、ほんとに良かった。しかも、カキ氷は、何口にも分けて食べられる。どんなに美味しくても、ひと口で終わったら、こんな淋しいものもない。

カキ氷は楽しみが繰り返される。何十回も繰り返される。ミュージックのリフレインのようだ。口数は、かなり多い。

ところが…である。その楽しみにも終焉のときが訪れる。カシュー…

「あっ、もうない」

そこに残るのは、虚《むな》しさだ。食事とは、満足感が残るのではなかったのか！いま、カキ氷という食事をとったぞ。まあ、満腹とはいかないにしても、楽しかったぞ。なのに、食べ終わった直後のこの、ポッカリ感はなんだ！もう少し食べたいと切に願っている、この気持ちはなんだ？あんなに楽しんだのに、尾を引くこのやり方はなんだ！この虚しさのやり場に困り、目の前にある氷水をガブリと飲む。

「うえ〜ぬる〜い、マズぅ」

満足感はどこに行った！


さあ、二つ目は…

《スイカ》

真夏の炎熱のなかで食べるスイカは美味い。最初のひと口目をガブリとやった瞬間に生の実感を味わう。ああ〜生きていて良かったな、と思う。このまま、スイカだけで生きていきたいとさえ思う。スイカのない暮らしが、もはや想像できない。スイカにまみれた暮らしをしてみたい。スイカだらけで、ダラケてみたい。叶うことなら、スイカ畑のなかに住んでいたい。

シャクシャクシャクシャク、食べ進む。

プップップップ、種を吐く。口の周りはスイカの汁だらけ。そんなことは知っちゃいない。シャクシャクシャクシャク。

ん…？　赤い色が、少し透けてきた。コレはそろそろ食べるの終われという合図かな。いやだ！　終わりたくない。終わらせたくない。

この至福のひとときを、そう簡単に終わらせたくない。急に性格がしつこくなる。まだ、このスイカは赤いと信じようとする。

なんとか、上の歯、下の歯を駆使して、こそぎ取ろうとする。

「走れメロス、まだ太陽は沈まぬ！」

「食べろケンジロウ、まだ、このスイカは赤い！」

口の周りどころか、顔中ビチョビチョ。髪の毛まで、汁がついている。

「まだ、沈まぬぞ、ケンジロウ！」

カシューカシュー、さすがにここ

スイカのない生活なんて…。

までか～　ゼイゼイ～

「友達はお前のことを信じているぞ、ケンジロウ！　さあ立ち上がって、食べるんだ！　まだこのスイカは赤い！」

いま、呆然自失《ぼうぜんじしつ》の態《てい》である。目の前には、緑と白の物体が転《ころ》がっている。スイカというものが、とてつもなく美味いものだということは再確認できた。しかし、食べた直後のこの空しさはナンだろう？　このポッカリ感はナンだろう？　まだ食べたいこの気持ちはどうしたらいいのだろう？

あんなに至福のひとときだったのに、どうして、満足感が得られないのだろう？　食べ方に問題があったのだろうか？

メロスに手伝ってもらったのが、違反だったのだろうか？

カキ氷といい、スイカといい、真夏を代表する、美味しいもの二大巨匠は、なぜか、最後に、プイッと横を向くのである。

# 明日うなぎ行きます？

これは、「でも」の使い方教室。

「蕎麦《そば》でも、食べにいくかい〜」

昼食に、係長が声をかけている。しっかりとご馳走《ちそう》はできないが、蕎麦屋なら、なんとかなると、ふんでいる。蕎麦屋に行って、そこにあるメニューのなかから、わざわざ、一番値段の高い「鴨セイロ」をたのむ部下は、いないだろうと、高をくくっている。

しかも、「蕎麦でも」とあえてことわっている。これが、「蕎麦を」と言ったなら、それなりの蕎麦屋に行かなければならない。もりそばだけで、４０分は待たされる覚悟をしなければならない。

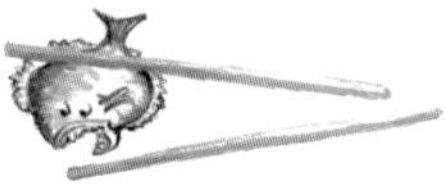

おあいそも、それなりの覚悟である。「でも」と助詞を加えるだけで、郊外に建てた一軒家がなんとかキープできる。

「トンカツでも食いに行くか？」

この場合、「食べに」ではなく、「食いに」と表現される。ちょっと暴れてみるか的なニュアンスがあふれている。

課長はネクタイを緩《ゆる》めながら、

「草食系などと気取ってたらいかんヨ。男子たるもの、たまにガツンといかんとネ。オジサンだって、カロリーばかり気にして、ガツンを忘れたらいかんヨ。行った限りは、ヒレじゃなくて、『ロース』と声を出さんといかんヨ」

ここでも、「でも」が使われている。

「トンカツ食いに行くか！」では、あまりにもの肉食系に、部下は辟易《へきえき》するのだ。行きたくなくても、無理しなければならなくなる。「トンカツでも」によって、部下は、エビフライに逃げることができる。

琵琶湖のほとりのお店のうなぎ君。

「吉田さ～ん、明日あたり、ウナギでも行ってみますぅ？」

取引先の吉田課長に電話している。今日ではなく、明日というところがミソだ。今日突然にウナギでは、今朝食べた食事とのコンビネーションが混乱する。ウナギを食すからには、24時間前からの体勢が必要なのだ。

年にそうそう何度も、ウナギ屋に足を運ぶ機会もない。ならば、朝食を抜くくらいの覚悟がいる。明日ウナギだと頭に思い浮かべただけで、夜眠れなくなる吉田課長かもしれない。

ここに登場する「でも」は、謙譲語である。

「ウナギ行ってみますぅ？」では、あまりにも直接的で、含みがない。

「ウナギでも」と、和《やわ》らげているのだが、実際は、ウナギ以外の何物でもない。本当の気持ちは…こう言いたいのだ。

「吉田さ～ん、明日！　ウナギ決行しますからネ、覚悟してくださいネ。もちろん商談の件も！」

# ナマコを最初に

「ナマコを最初に食べた人は偉い！」

昔から呟《つぶや》かれる言葉だ。アナタはこう考えていないだろうか？

「最初にナマコを食べた人は、食べたことを自慢げにしゃべった」

ところが、それが間違いであるという我が説を、これから語ろう。

「ナマコを最初に食べた人は、食えることを隠していた」

これが真実だ。どういうことか？

まず、ここでスミヤキという魚の話をしよう。本名、クロシビカマスという深海の魚がいる。真っ黒い魚体をしており、墨で焼いたみたいだからスミヤ

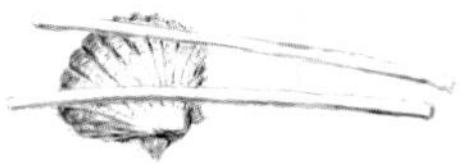

キという別名もつけられた。魚屋の店頭に並んでいても、知らない人には見向きもされない。見た目が悪いし、ヌルヌルしているし、小骨が多い。

ところが、その旨《うま》さを知っている人にとっては、店先で見つけた瞬間に涎《よだれ》が垂れるといってもよい魚である。希少な魚でもあるので、店頭に並べられているのが忍びない。だれか欲深い人に見つかるのではないかと、心配になる。

つまり、スミヤキの旨さを隠そうとしているのである。たとえ食べているところを見つかっても、決して

皮に包丁を入れたスミヤキの塩焼き。

旨そうな顔をしない。必死で隠す。むしろマズそうな顔つきさえする。じつにズルい。どう非難されようとも、生涯黙っていようとさえ考えている。なんともセコイ考えをもっているのだ。

これが、ナマコにあたると考えられる。ナマコをはじめて食べた人は、その旨さにいっぺんで虜《とりこ》になった。ナマコは、海に潜《もぐ》ればいくらでも転がっている。逃げない。獲《と》り放題。最初に食べた人は、ここでハタと膝《ひざ》をうった。もし、自分が「ナマコは、食えるでヨ、うまいでヨ」

自慢げに、皆の前でしゃべったらどうなる?

仲間は、すぐに海にとんで行き、獲りはじめるだろう。食いはじめるだろう。あっという間に、ナマコがいなくなるのは、目に見えている。よし、黙っていよう。こっそり食おう。

しかして、その方は、隠れてナマコを食っていたのである。

もちろん海では、ひそかに捕獲し、カゴに隠して家に持って帰ったのである。ひょっとすると、家族にも隠れて食べていたかもしれない。顔もマズそうにしていたハズである。生涯黙っていようと決心したに違いない。

しかし、いつかは、バレる。そしてバレた。

人びとは、大人も子どもも、海に潜った。ナマコを獲った。食った。枯渇する運命であった。…あったはずなのだが、人びとはふと悟った。

（ふむ、毎日食べるほどのモノではないな）


ナマコの旨さは、マニアックだったのだ。通が、通ぶる食べ物に過ぎなかった。最初の人の心配は杞憂《きゆう》だったのだ。

とくに、ナマコが生きのびる決定的な因となったのは、

「ごはんのおかずにならねぇな」

酒飲みのあいだでのみ、珍重される品と定められた。

よかったね、ナマコちゃん。

# ワカメの味噌汁

「腹減った、さあ朝食を食べに行こう！」

ホテルに泊まった朝、足取り軽く朝食会場に向かう。ほとんどのホテルはバイキング形式である。さまざまなオカズをさらい取り、テーブルに運んでくる。さあここで、ある問題が起こる。それは味噌汁。

《本日の味噌汁　ワカメ》

ズンドウに親切に明記してある。そうかそうか、ワカメの味噌汁はいいな。お椀《わん》にたっぷり注いで、我がテーブルに持ち帰る。袖をめくり、

「いただぁ～きあんす」

まず、チャブチャブと味噌汁を掻きまわす。

ん…？　ワカメ…？

たしかに、ワカメが入っているには違いないが、あまりにも絶対量が少ない。2センチ四角の切れ端が3～4切れ。重さにしても秤《はかり》の針が振れないほど。これをワカメの味噌汁と呼ぶのだろうか？　呼んでいいのだろうか？

あの大きなズンドウの中に、どの程度のワカメを、板さんは投入したのだろうか？　ひょっとすると、会場に来る時間が遅れたため、早いもの勝ちで、ワカメをほとんど、すくい取られてしまったのだろうか？それとも、いいいいいい貪欲な強欲野郎が、ワカメだけ狙って大量にすくい取ったのだろうか？

この問題を解決するには、この方法しかないことに気づいた。

《マイワカメ》を持参する。

スーパーに売っている乾燥カットワカメをポケットに忍ばせ、朝食会場に持ち込むのである。バイキング会場に、持ち込み禁止の文字はない。ないのだから、堂々と持ち込めばいいのだが、どこか後ろめたい心情が残り、こそっとポケットから出す。

黒緑色した小さなワカメの干した塊を、ガサガサと味噌汁のなかに放り込む。やには袋を、またすぐにポケットにしまう。この場合も、そのままテーブル上に置いておけばいいのだが、なぜか、すぐに、ポケットに隠し入れる。このそっと出し、すぐしまう行為は、ワカメを持ち込んだ者のマナーコードであろうと信じている。


しばし待つ…

すると、ホレできました！　ワカメの味噌汁正統派だ。箸《はし》を突っ込む。ん…？　ズシリと重い塊が出てきた。

日ごろの恨みとばかり、いくらなんでも入れ過ぎたか？　まるで、ワカメの煮付けだ。どんどん水分を吸ってゆくので、汁がほとんどなくなったじゃないか。

仕方なく、立ち上がり配膳場所に赴き、汁だけ注ぎ足すことにする。おタマでナベのなかを回していると…？

後ろに並んでいる人の視線が痛い。振り返ると、その方は、我が手に持つお椀のなかを凝視している。眉間《みけん》にシワを寄せて、ワカメがこんもりとしたお椀と我が顔を行き来する。その眼が語っていた。

「おめえか、ワカメをほとんどすくい取った強欲野郎は！」

# 犯人はおまえだ

以前から、チャレンジしているのに、いまだできないことがある。かなり頑張ってみるものの、どうしてもクリアできない。それは…

《卵を両手で割ると、必ず、指に白身がつく》

いままで、いったいいくつ卵を割っただろう？　1万個に達しようとしているのではなかろうか？　卵を割るとき、どんなに細心の注意を払っても、ちょこっとだけ、白身が指先に付着する。たった1回だけでもいいから、白身をつけずに割れないものかと、長年チャレンジしているのだが、できたためしがない。

そんなん簡単でしょ…と思ったアナタ。すぐに冷蔵庫に飛んで行って、卵を取り出し割ってみてください。基本的に白身が付着するのは、親指の先です。もしできたというのなら、アナタは天才です。もしくは、指先に白身が付着しているのに気づかない…か。

なぜ、あんなにむずかしいのだろう？　卵にとって、我々の指に白身を付着させることに、なんの意味があるのだろう？

ひょっとすると、ニワトリはひそかに逆襲を考えているのではないだろうか？　これはニワトリが仕掛けたワナなのではないか？

郵便局や銀行に押し入った強盗に投げつけるカラーボールというモノがある。ぶつけられると、ボールは割れてオレンジ色の塗料が服につく。少々の洗いでは、落ちないらしい。「あいつが犯人だ」とすぐに分かる仕組みだ。

ニワトリは知っているのだ、卵を割った犯人を。かれらは、殻と白身を使ったカラーボールを我われに投げつけているのだ。つまり、アナタの指先を見れば、一目瞭然というワケだ。

「私の卵を割ったのは、アンタね！」

# 醤油を忘れた

さあ、キャンプだ！

山の麓《ふもと》のキャンプ場で、炭火を熾《おこ》し、明かりも灯《とも》し、食材をズラッと並べる。

本日のメニューでございます。

・冷奴、茗荷《みょうが》仕立て
・野菜サラダ、ブロークン風
・南マグロの中トロ刺身
・牛のホルモン各種焼き

さて、まずはビールを開《あ》ける。

カシュッ、プファ〜ああ、旨い！　感激にひたる。

さあ、とりあえず冷奴をいこう。

ん…醤油《しょうゆ》はどこだ？　あれれ、あれれ、醤油がないぞ。

まさか、忘れたって、ことかい？

代わりとなるモノは…あれれ、ポン酢《ず》もないぞ。

れれれ、ドレッシングもないじゃないか？

そうか、前回キャンプから帰ったときに、一度冷蔵庫にしまったのだ！

ガ〜〜〜〜〜〜ン！

　このガ〜〜〜〜ンは痛い。笑っていられないショックである。冷ややっこはなんとかなったとしても、あるいは、サラダも、なんとか凌《しの》いだとしても、メインディッシュの、南マグロをそのままで食えというのか！

アナタに訊《き》いてみたい。

「マグロの刺身を何もつけずに食べたことがありますか？」

　あると答えた方は、この世の哀《かな》しみを味わった経験がおありの方とお見受けいたす。いつか出会って手と手を取りあい、むせび泣いてみたい。

っと、そのとき、ワサビを見つけた。刺身の裏側に四角のパックで忍ばされているではないか！

砂漠における一滴の水。

極地における一筋の陽の光である。

ビリリと破《やぶ》き、刺身皿に絞りだす。普段より懸命に、完全に絞りだす。君だけで、刺身と冷やっこと、サラダを、なんとか一人前にしてあげなければならない。

あれっ、そうか、牛のホルモンは生だったな。味付けはない。

うぅぅぅ、この小さなワサビにそこまでのキャパシティはない。

絶体絶命か…

ん…？　目の前にワインのボトルがある。こいつでなんとかならないか？

本来は今晩呑《の》むためのモノなのだが、調味料として使えないか？

つまり、別々に腹におさめる予定だった二つのモノを、合体して、何物かに仕立て上げられないか？

っと、そのとき、明日の朝飲む予定だった、カップみそ汁が目に入った。

慌《あわ》てて、バリバリとビニールをはぎ取る。中から、レトルトパックの味噌汁のジェル状のモノが出てきた。コレだ！　味付け味噌の元ではないか！

キャンプとは、くふうの産物である。

何かを忘れたときほど、素敵なキャンプがはじまる。


となれば、忘れ物の貸し借りもキャンプの常識となる。

その昔、ご近所での味噌・醤油の貸し借りは風物詩であった。落語でも、

「ごめんくださいまし、お醤油を貸してくださいな」

「あいよ、ところで、お宅の旦那、出歩いてばかりいるけど大丈夫かぇ？」

ご近所の挨拶《あいさつ》代わりに、醤油を借りていたものだった。まあ、最近はそんなことはなかろうと、油断していたら、先日のキャンプで…

「わるいねぇ、醤油ありますかい？」

アウトドアの遊び仲間が暗闇のなか、ヘッドランプを照らして、やってくる。

「皆が皆、だれかが持ってくると思い込んで、忘れちまったのサ」

醤油は貴重だ。そのわりには、忘れ物の筆頭に名前を連ねてある。

「はいはい、この小さなボトル持って行っていいですヨ」

コンビニで買い求めた、塩分減少の小さなボトルだ。

「いやいや、いま持って帰って、注いでまた持ってくるヨ」

キャンプは、いちいち律儀《りちぎ》である。

ないモノがすぐには手に入らないので、希少価値を知っている。

落語の世界の貸し借り以上に、八っぁん熊さんは、手刀《てがたな》を切って、醤油のありがたみに感謝している。


ヘッドランプを照らしてと言ったが、彼は歩いてきたのではない。自転車をこいで来たのだ。キャンプ場は広い。テクテクでは辿《たど》り着かないので、ペダルで遠征してきた。醤油ちょこっとのために、ヘッドランプと自転車でキーコキーコ。

ついでに申せば、彼は７６歳である。

「ステーキのネ、香りつけにネ」とか言っている。醤油のお返しにと、自宅で育てたキィウイとゴーヤの実をたんまり置いていった。

# 自宅キャンプ

「今夜は自宅でキャンプにしょうかな」

晴れた夕方、縁側《えんがわ》に立ち、ふと思い立つ。

自宅キャンプとは、キャンプ的な食事をするという意味である。早い話が、バーベキュー。七輪《しちりん》で肉を焼く。要約すると、

《縁側で、炭火で肉を焼いて夕餉《ゆうげ》にする》いいかえれば、

《ずるい夕食であり、ナマケモノのキャンプ》である。

いや、この言葉は逆転させても成り立つ。

《ナマケモノの夕食であり、ずるいキャンプ》

縁側まで、食器だの醤油《しょうゆ》だのを運べばいいだけの、とてもキャンプとは言い

がたい食事形態なのだが、本人は、すっかりキャンプ気分にひたっている。なんたって冷暖房のない外気に接している。夕陽がダイレクトにあたる。虫が飛んできたりする。肉の脂《あぶら》が炭《すみ》にはぜて、けぶい。それでもズルいことに変わりない。いざとなったら、いつでも室内に逃げ込める。避難所まで、１メートルというキャンプ生活。足りないモノ補給所まで、５メートル。トイレまで、８メートル。ただし、寝所までは、こっちのほうが遠い。なんたって階段がある。ほんもののキャンプのように、酔っぱらって、テントにバタンキューとはいかない。

本来、キャンプでは、忘れ物があると諦《あきら》めなければならない。ところが、自宅の庭となると、忘れ物を、忘れ物とは言わない。すぐに取りにいけるからなのだが、この「すぐに取りにいける」という甘えがあるあまり、準備をまったくしないので、何度も取りにいく羽目になる。

縁側のスリッパに足をとおし、醤油を持ってきて、ニンニクを持ってきて、スプーンを持ってきて、爪楊枝を持ってきて…

何度も「持ってきて」を繰り返す。
「アッ、ドレッシングがない」ガラガラとサッシからリビングに入りこみ、台所の冷蔵庫まで取りにゆく。「キッチンペーパーがない」すぐに取りにゆく。「ビールをもう一本…」冷蔵庫に向かう。

こうなると…最初はシンプルだった、キャンプ用のテーブルの上が、にぎやかになる。本来のキャンプにはない、日本酒用のグイ呑《の》みなんかが、登場していたりする。（キャンプでは、アルミカップですべてを済ます）なぜ、グイ呑みなのかといえば、自分でおろした新鮮なイワシの刺身が冷蔵庫にあるからだ。さすがにキャンプでは、これほどの刺身は用意しにくい。この刺身を外に運びだしたものだから、つい、日本酒も運びだし、グイ呑みも追って運び、刺身醤油も追い運びする。

夜桜を見ながら、舌鼓《したつづみ》をうつ。けっこう冷えてきたので、ダウンジャケットを縁側から取りにいく。下半身にも、スキー用のズボンをはく。

ここまでくると、いっそ部屋に戻って、リビングでふつうに晩酌《ばんしゃく》をすればいいのだが、いったんはじめた自宅キャンプ。意地でも、あがりをしない。しないが、毛糸の帽子をわざわざ取りにいく。暗くなると、ヘッドランプを取りにいく。

非常にめんどくさい食事風景である。いちいち立ち上がり、どこかに用事をしにいく。本来のキャンプでは、こんな光景はない。いったんはじまれば、ドシッと構え、いちいち何かをしにいくという行為はみられない。トイレ以外、立ち上がらないと胸を張るナマケモノまでいる。つまり本来のキャンプは、忘れモノがあれば、諦めるしかない。それが、キャンプの道理である。

ハッと気づくと、かなりテーブル周りを散らかしている。後片付けを考えると、かなりおもしろくない。実際のキャンプだと、すべてがシステムとして、簡単にできあがっているので、片づけはワケもない。

しかしいま、次々に思い付きで持ち寄ってきたモノの数々。「散乱」とか、「蹴散らし」の文字が浮かぶ。

ええい〜　明日かたづけよう！

## せ

# 「醤油」

30年ほど前、テレビ番組「ごちそうさま」の旅人として、毎週日本全国を歩いていた。レストランや旅館などの料理に舌鼓《したつづみ》を打っていたのである。４年間で津々浦々 200 軒以上の店を訪ねたものだ。とくに地方の醤油《しょうゆ》の違いには敏感になった。

ある日、山形は米沢のある食堂に向かっていた。コダワリの醤油を使っていると聞いたのである。着いてみると、なんと入口扉に乗用車が刺さっている。交通事故らしい。あまりのことで醤油の取材は中止となった。その後２年ほどして米沢に取材に訪れた際、昼飯を兼ねてその店に行ってみた。女将さんに、店に車が突っ込んだ話をふると、「そうなんですよ、若い女のヒトが運転してて、救急車で入院してネ。ウチの息子が心配して、その後お見舞いに行ったりして…」はいはい、それで…「仲良くなって、いまあそこでお茶を入れているのが、そのお嫁さん」なんと、店に車ごと押しかけた末に、めでたしとなったのである。これがホントの《押しかけ女房》

# 第5章☆ たたかいの日々

# 博多モツ鍋

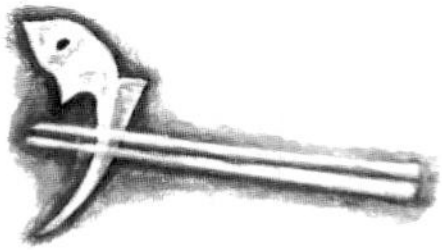

北海道札幌のススキノでラムを食べていたその数日後、九州の博多にいた。博多といえば、中洲《なかす》。ススキノと二大歓楽街を南北で分けあっている。

さあ、何を食べようかナ？　夕方、中洲のど真ん中で、ぼんやり街を眺めていたら、やはり目に入ってきたのが、《博多モツ鍋》。

これを食べずに帰ったら後悔するだろう。すぐにノレンをくぐる。いや、この表現は間違い。ガラスサッシドアを横に開く。こぎれいな店ではない。なんたって、モツを食べさせるのだからして、どこか終戦の匂いがする店構えだ。テーブルに座るイスとて、真ん中に穴のあいた丸椅子である。

モツを2倍の量にしてもらい、鍋《なべ》を注文する。

昔ながらの丸いガスコンロの元栓をあけ、チャッカマンで火をつける。ボッ。

銀色の鍋に入った具材が湯気をあげはじめる。具材たって、キャベツとニラと、肝心のモツ。博多モツ鍋の場合、モツはすべて、ギアラ。大阪では、アカセンと呼ばれる牛の胃袋だ。

「ミノ、ハチノス、せんまい、ギアラ」と4つある胃袋のうちのひとつで、脂《あぶら》がのっており、ジューシーな味わい。ホルモン好きにはたまらない。

グラグラしたところで、箸《はし》をつっこむ。あっという間に、ギアラがなくなる。ひとり2人前では足りない。さらに2人前オカワリ注文する。そして、このオカワリが何度かつづいたのである。

「すみませ~ん、ギアラくださぃ！」

ん…このフレーズ、以前、どこかで発したゾ。

子供のころからかなりのホルモン好きである。年季の入ったホルモン野郎。焼き肉屋に入ると、まずホルモンを注文する。カルビだの、ロースだのは、

目もくれない。メニューにギアラが書いてあれば、

「ギアラ、ください！」即座に声が出る。

「2人前下さい！」はじめから2人前注文する。

我がテーブルの横を通りかかった人が見たら、ビールとギアラだけで、食事をしている人間を見ることになる。一時間ほどして、また通りかかったら、まったく変わらず、ビールとギアラだけの偏食食事風景を目にするだろう。

個人的に、良い焼き肉屋か、悪い焼き肉屋かの判断は、ギアラを置いてあるか、置いてないかだけである。

以前、良い焼き肉屋に入ったときのことだ。わが俳優事務所のマネージャーと一緒だった。お互い、好きなものを注文することにした。当然、最初から、ギアラでとばす。ギアラ一辺倒で押しとおす。

「すいませ〜ん、ギアラくださ〜い！」

「ギアラ、お願いしま〜す！」

一皿、二皿とギアラのオカワリはつづく。

「すいませ〜ん、ギ」

「あのイシマルさん、やめたほうがいいですよ」マネージャーがのたまう。

「なんで?」

「一応イシマルさんは役者なんだから、みっともないですよ」

「なんで?」

「だって、さっきから、ギャラください、ギャラくださいって…」

# 博多ラーメンの替え玉

博多ラーメン屋

いわゆるトンコツラーメンである。その味は大分出身の我が脳にしっかりと記憶され、旨《うま》さの原点を主張してくる。早い話が、「トンコツ食いにいけ！」と、しばしば胸が騒ぐのである。

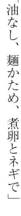

「油なし、麺かため、煮卵とネギで」

毎度訪ねる博多ラーメン屋で注文するのは、いつも同じ。一応、メニューは眺めるのだが、結局同じモノを頼む。頼んだあともメニューを離さない。並んだ写真の後半を見つづける。そこには、チャーシュー麺だの、チャーハン餃子定食だの、替え玉・油こってりだのが書かれてある。
ダイエットをしている身としては、悪魔のささやきが書かれてあるように思える。いつか食べてみたいメニューの羅列！

《替え玉》

博多ラーメン屋では当たり前のこの言葉。お替りの麺という意味なのだが、よくよく考えれば、本来こうやって使用していた言葉ではないか。

「親分、アイツは、替え玉ですゼ」

時代劇などで、「人質を差し出せ」と敵方に要求したら、本人と違う人間を差し出してきた場合に使った。

「おいおい、替え玉でごまかそうってぇのか」

当の本人は出てこずに、身代わりを立てられたのである。受験のときに、違う人が試験会場に行くという「替え玉受験」なんてのもあった。ゆえに、替え玉という言葉は、悪い言葉という認識であった。

それが、博多ラーメンの広がりによって、いつのまにやら、腹を満たす喜ばしい言葉に変貌した。

「もう少しだけ食べたいナ」この想いを現実にさせてくれるのが、「替え玉ください、バリカタで」なのである。

(バリカタが分からない方は、博多ラーメン屋にかよい、メニューで勉強してください。ついでに、ハリガネも知りおいてください。粉おとし、なんてのに、感動してください)


駅の構内を歩いていると、醤油ダシ系のいい匂いが漂ってくることがある。ホームで営業している立ち食い蕎麦《そば》だ。

冬の早朝に、湯気を立てているそんな店を見つけたら、思わず足が、勝手に向かってしまう。あのダシの匂いは、さほど強烈だ。交通機関の構内で、そんな誘惑を振りまくなんて、ズルイとさえ思う。

ところが、もっとズルイ店を見つけたのだ。

九州は、小倉駅。その構内を歩いていると、やはりいい匂いが漂ってきた。

(ん…? こ、この匂いは!)

小倉駅ホームの誘惑。

《トンコツラーメン屋》？

九州育ちの人間にとって、トンコツラーメンの匂いは、鼻孔《びこう》をすっとばし、胃袋に直撃をくらったも同然。

たとえお腹がいっぱいの人でも、この匂いを嗅《か》げば、つい、一口だけ…とベルトを緩《ゆる》めるとさえいわれている。減量に苦しむボクサーは、トンコツラーメン屋の５００メートル以内に、決して近づかないともいわれている。

その誘惑あまたのトンコツ屋が、小倉駅ではホームにあり、あまい匂いを撒《ま》き散らしている。通勤通学の人たちにむけ、これでもかこれでもかと垂れ流しにしている。列車の開いたドアから車内にまで、注ぎ込んでいる。注ぎ込まれた匂いは、次の駅、いや、もっと先の駅まで送り届けられる。我慢できなくなったオイちゃんが次の駅でUターンしてくるかもしれない。

いまその店が、アッチのホームに見えている。かなしいことに、コッチは風下である。こっちのホームにいる自分は、腕時計をめくりながら考えている。階段を走り登ってアッチのホームに行き、トンコツにむせび泣き、ふたたび時間内に戻れるかどうか。

心は、すでに、注文まで済ませてしまっている。

(麺、固めでネ)

ハシまで割ってしまっている。

(煮卵とネギ、トッピングで)

あ〜なんで、コッチのホーム発の列車なんだよ!

(替え玉、ください)

# 猫舌の決起集会

猫舌である。年季の入ったかなりの猫舌であり、猫舌の人に特有の、「猫舌であることを忘れる」性格も合わせもっている。

生まれつき猫舌であるならば、幼いころから、熱いお湯のような液体に、怯《おび》えてきたハズ。怯える経験を何度もして、間違っても、熱いお湯を口に運ぶなどという、恐ろしいおこないをするハズがない。ところが…

猫舌人間とは、不思議な性格をもっている。アナタの周りに、こんな人はいないだろうか？

「ボク、猫舌なんだヨ」

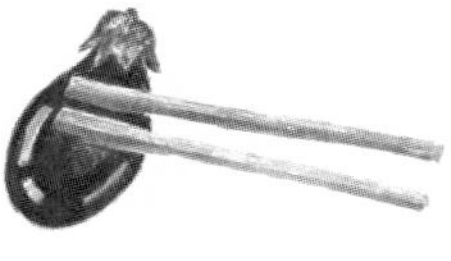

「ごめん、猫舌だから、ソレ飲めない」

まるで、猫舌であることが、人間にとって有利であるかのような発言をする。自慢しているような言い回しである。そのくせ、アツアツの中華などを口に入れ、

「ぎゃあ〜〜〜」

大騒ぎをしている。

ちょっと待てと言いたい。その人はなぜ大騒ぎをしているのだろう？　子どものころから猫舌生活をしてきたのならば、熱いモノが口の中に入るなどという恐ろしいことに、だれよりも敏感なハズ。

アツアツの中華、つまり中華丼のようなカタクリ粉を使った料理は、ハナから避けてしかるべきであろう。よしんば間違って注文したとしても、いきなり、「ギャ〜〜」はないだろう。

なんのために、世の中に猫舌という言葉があることを知ったのだろうか？名前をお借りしている猫を見ていても分かると思うが、猫は知らないモノが目の前にあると、前足でチョコチョコ突いて、ようす見してからはじめて顔

を近づける。これが学習というものではないだろうか。

いったい何回、「ぼく猫舌だから」と言い訳をしてきたのだろうか？　たいがいの猫舌人間は、いい年をこいて、年に何回も同じ言葉を吐く。

「おれ、猫舌なんだヨ」


テレビ番組《酒場放浪記》の吉田類氏は、番組のなかでも公言している猫舌である。公言しているわりには、毎度熱々の豆腐をいきなり口に入れて、跳びあがっている。猫舌の典型例を見せつけてくれるおもしろい方だ。食べ物番組とは、どんなに熱くとも、食べなければならない。湯気が挙がっているからこそ旨そうにに見えるわけで、冷まして食べるという選択肢がない。

同じく何度も舌をヤケドしている我が体験上、吉田類氏に同情したいが、毎度飛び上がっている姿は、それなりにおもしろい。猫舌会の広報会長に任命したい。


ここで、日本中の猫舌の方たちに苦言を呈しておこう。

買ってきたばかりの蓋《ふた》つきのコーヒーをすぐに口にもっていくのはなぜ？

出されたスープを、皆と同じタイミングで飲もうとするのは、なぜ？

熱々の鉄板の上に乗せられたステーキを、わざわざ選んだのは、なぜ？

ひょっとすると、そのあとに、「ギャ〜」をやり、お決まりのセリフ「おれ猫舌なんだヨ」を決めたいのだとは、言わせない。

そろそろ《猫舌党》なるモノを結成し、武道館で、いや東京ドームで決起集会をひらいて、二度と熱いモノを口にしない方法を、全員で話し合うべきである。

んでないと、ボクら、馬鹿にされるヨ。

50年前に描いた眠る猫、グゥ。

# 一味VS七味

テーブルに置いてある唐辛子《とうがらし》の一味と七味、どちらが好きかとの問いだ。
まず最初に、我がポジションを明示しておこう。
《一味派》である。
では、先行として、《一味派》の意見を述べよう。

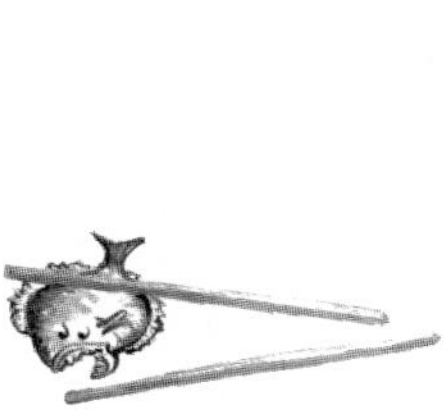

《一味派》
一味は、蕎麦屋《そばや》にお目見えする。温かい蕎麦には、単純に辛いだけの一味が有効である。七つもの味が、蕎麦湯の中に浮かんでしまうと、肝心の蕎麦が、しらけてしまう。ほのかな蕎麦の味を消し飛ばしてしまう。

《七味派》
あ〜たねぇ、「ほのかな蕎麦の味」とおっしゃいましたネ。温かい蕎麦で、ほのかなんか解かりやすか？　そこは、いっそ七味で、山椒《さんしょう》の香りとか、ぶちまけたほうが、いいんでないかい？

《一味派》
言っときます。七味をぶちまけたら、蕎麦の味は分かりません。でも一味なら、分かるかもしれません。蕎麦通としては、可能性はいつも残したいのです。

《七味派》
では、あえて訊《き》こう。蕎麦を食べようというときに、一味だの七味だのトウガラシ系の辛味ではなく、ワサビが小皿に乗せてあるのはなぜ？

《一味派》
それは日本古来の、辛さのなかに旨《うま》さを求めたワサビに敬意を表したからではないだろうか。刺身を食すがごとく蕎麦をすするには、ワサビの文字どおり、わびとさびの味わいに参加を願ったのではないか。

《七味派》
ふ～ん、むつかしいことを言われてもよく分からんが、単に蕎麦を刺身と同じに考えているだけじゃん。
《一味派》
はいそうです。だから単純な一味のほうが合うのです。
《七味派》
だぁったらアアタ、最近刺身は、甘口醤油だのポン酢だのマヨネーズだの、豆板醤《とうばんじゃん》だの、だのだの自由度は満開だヨ。
蕎麦とて、ひとつではなく、七つのほうがいいんでないかい？
《一味派》
ないかいとは思えません。蕎麦は、究極の単純さを求めています。できれば、一味すらかけてもらえないほうが嬉しいのです。ワサビとて、なくてもかまわないのです。
《七味派》
あっそ、だったら、ワサビもネギも一味も七味も何もなく、蕎麦と汁だけで食べなはれ。
《一味派》
ドキッ、じつはそれを言われるのが怖《こわ》かったのです。それを求めているにもかかわらず、あえて指摘されると、ツライのです。
《七味派》
分かった分かった、蕎麦はコダワリがキツいので、鍋《なべ》に話を振ろう。七味は鍋とかで、ふくよかな香りを振りまくゼ。なんせ、七つ香味が入ってるもんナ。
《一味派》
おっ、鍋を持ち出しましたか。その鍋が問題なのです。鍋が出されると、皆が皆、「しちみ、しちみ！」と、手を伸べます。
「課長、七味はこちらです」
七味の在り場所で、その飲み会のありようが決まるといえるのです。上司に近い場所に、七味はつねにありつづけなければなりません。なぜでしょうか？

七味とは、飲み屋で上司を立てる標識的な存在なのです？

「おおい、七味あるかい？」

上司が、腕をさまよわせる。

「あっ、こちらにございます」

っと、ここまではいい。これが何度もつづくと問題になります。

「おおい七味は、どこ行った？」

「課長、こちらに一味がございますが」

「わたしゃネ、鍋は七味と決めてんだワ」

「か、課長ぅ…いますぐ七味の在《あ》り処《か》を…」

結論…

一味派の一味としては、

揉《も》めごとが起こりやすい七味を遠ざけたい気分でいっぱいなのです。

## 《中国料理店》と《中華料理屋》

似て非なる、二種類のレストラン。解説してみよう。上段を見たあと、そのまま下段を見て下さい。

《中国料理店》

椅子に背もたれがある
テーブルが丸い
コックが見えない
天井が高い

《中華料理屋》

丸イスで穴があいている
カウンター席がある
フライパンの音がカコンカコン
天井にハエがいる

マスターが現れる
メニューがぶ厚い
鯉の唐揚げ餡《あん》かけがある
北京ダックがある
フカヒレスープがある
上海蟹《シャンハイがに》が出る
箸《はし》置きがある
プラスチックの箸で食べる
小皿を代えさせられる
どんどん小皿が出てくる
生バンドの演奏もある
ウエイターがいる
おかみが「何食べる?」
壁に貼ってある

レバニラ炒《いた》めがある
野菜炒めがある
もやし炒めがある
シナチクが料理として出る
箸立てに大量に刺さっている
割り箸を割る
出されたまま食べる
まんま食べる
テレビで野球をやっている
出前のスクーターがある

客が革靴で来る
客が大勢で来る
どこにでもない
カードで支払える
タクシーを呼んでもらえる
たまに来る

味の微妙なスープが出る

サンダルで来てもいい
ひとりで来て、ビールを頼む
どこにでもある
現金が喜ばれる
歩いて帰る
しょっちゅう来る

ラーメンが食べられる！
ラーメンと餃子とチャーハンがセットで
食べられる！
７８０円！　次回サービス券つき！

# 立ち食いの、蕎麦VSうどん

立ち食い蕎麦屋《そばや》に行くと、そば、うどんが同時にある。店によっては、どちらかを指摘しなければならない。さて、アナタはどちら派だろうか？

《蕎麦派》
立ち食いでは、蕎麦しか食べない。理由は、単に蕎麦が好きだから。
《うどん派》
たまに蕎麦も食べるが、ほとんどうどんやね。ワケは量が多いような気がするからやね。
《蕎麦派》

関東のつゆには、蕎麦が合う。うどんにはやや辛《から》い。
《うどん派》
関西のつゆは、うどんしか合わへん。なんで大阪で立ち食いそばって言うねん。
《蕎麦派》
天ぷらを入れた場合、しなったコロモには、そばのほうがよく絡《から》み咀嚼《そしやく》すると甘みが増す。
《うどん派》
さつま揚げのきざみ天にまさるモノはないで。よお噛《か》んで、うどんはつるりと飲みこむねんな。
《蕎麦派》
生卵を入れると、猫舌でも早くかきこむことができ、急いでいるときには有効だ。
《うどん派》
それって、うどんでも同しやないか。むしろうどんは、つるつるが加速するわい。
《蕎麦派》
そばとカツ丼を一緒に食べるとじつに豊かな食事になる。うどんでは量が多すぎる。
《うどん派》
ほれやったら、ミニカツ丼にすればエエやないか。知らんのかいな。
《蕎麦派》
セットで、そばとカレーを一緒に食べると、蕎麦屋のカレーとは醤油味なのだと実感する。
《うどん派》
もともと、カレーうどんちゅうのがあるやろ。食うたことないんかい。薄口醤油やけどな。
《蕎麦派》
そばはハネが少ないので、ワイシャツに染みがつかないから嬉《うれ》しい。
《うどん派》

そんなん気にして、うとん食うたらあかん。

《蕎麦派》

あっいま、うとんって言いましたね。

《うどん派》

言うたよ。うどんやのうて、うとんが正しいんや。立ち喰いうとんやで。

この争いをしていたら、ふとあの店を思い出した。立ち食い蕎麦屋に、合わせメニューを出す店がある。蕎麦とうどん両方が入っている。神奈川県のJR衣笠駅前に、その店はある。壁に「ミックス」と書かれてある。この店のそれを食べたいファンは多い。友人のケンジ君は、足しげく通いつめ、そのミックスしか食べない。注文すると、双方が一層づつ重ねられて出される。

味にパンチがあるとケンジ君は絶賛する。パンチとは、出汁《だし》強め、醤油強めという意味だ。ただしジャンボ券なので、量は2人前となる。食べたいのはやまやまなのだが、2人前はつらい。なんとか1人前にしてもらえないものか、交渉はできるだろうか？
ミックスを、うどん派は認めてくれるだろうか？
《うどん派》
あかんあかん、うとん２人前いただきまっさ。

# キャンプの餃子

キャンプをやっていると、いつも料理がうまくいくとは限らない。火の加減が、気象状況や風に左右される。

富士五湖のほとりのキャンプ場に陣取った我らの夜の献立は、餃子に決めた。「水いらずの餃子」という触れ込みの袋を破る。。しかし、みんなで食べるほどの量が足りないため、持ち寄った別の餃子も一緒に焼こうとなり、二種類の餃子をミックスして焼いた。別のほうは、水いらずとは書いていなかった。ま、いっか…

キャンプ徳用の、《ま、いっか思想》が引用された。

七輪《しちりん》の上に置いたフライパンに油をひき、餃子を並べる。流行《はや》りの円盤餃子を意識して、丸く配置した。水いらずと水いりを出鱈目《でたらめ》に並べてゆく。すぐに、焼けるいい匂いがしはじめ、蓋《ふた》をする。焼き方は水いらずの袋の解説に従った。

しばしの歓談時間となる。ビールをチビチビやり、餃子談義に花が咲く。どこどこの餃子が、一番うまい。それぞれが一番自慢をする。

「円盤餃子といえば…」と話し出した我が言葉に、皆が膝をすすめてくる。アレは、福島市で見つけた「満腹」というお店で、古い仕舞《しも》た屋《や》の暖簾《のれん》をくぐると、カウンターと小あがりだけの小さな店内。餃子を注文すると、丸いフライパンにグルリと餃子を並べ、ただ焼くだけ。焼けると丸い皿にポンッと裏返してして持ってきてくれる。小さめの餃子を口に放り込んで、驚いた。餃子とは、皮や中身の味で食べるもんだと思い込んでいたのだが、この餃子は違った。「この円盤餃子はネ」と言葉を続けると、皆が顔を突き出し喉《のど》をゴクリとやる。

「中の空気を食べるんだヨ」

膨らんだ皮の中に閉じ込められた空気のなんともいいようのない香りが、あまりにもの旨さに満ちていて、口の中はおろか、鼻腔《びこう》までもが得も言われぬ幸せ感に包まれる。

と、ここまで話していると、なにやら焦《こ》げ臭《くさ》い。七輪の上のフライパンから煙のようなものが噴《ふ》いている。

「ほんとに水いらないのかい?」と、だれともない発言に、

「そう書いてあったヨ」無責任まるだしの返事がくる。

「でも水が要《い》る餃子も混ざっているゼ」とは、だれも口に出さなかった。

さあ、できあがったモノが、この写真である。食べ物というより、木の伐《き》り株《かぶ》に見えないこともない。皿に移そうとしたら、丸い塊のまま移動した。箸《はし》でつつくのに、勇気がいる。一個という単位を、取り出せるだろうか?それともいっそ、ピザ方式を採用し、ナイフで切った方が賢明だろうか?

最初に箸をつけたのは、やはりというか、この人だ。滝田くん。われらの仲間内では、食べることに異様な情熱を持つ、私と同い年の遊び人。遊び人

といえば、遊興的な遊びを想像するだろうが、彼は違う。アウトドアの遊びに人一倍熱心な遊び人なのである。なんせ、日本酒のおかずにボタモチを食べる味覚の持ち主だから、こういうときはうってつけのパイオニアとなる。

ハシを切り株に突き立て、ザクザクと切り取り、そのままガブリッ。

「う〜ん、うまい！」

感嘆詞を発するのだが、信用できない。

知らずに見たら、食べ物とは思えない。

《ま、いっか思想》の導師ともいえる彼にあって、食えないものはない。二番手以下が恐るおそる箸をのばす。ちぎりとった餃子を口元に運ぶと、当然のことながら、焦げの匂《にお》いがする。

しかし、その匂いのなかに、デンプンの香ばしいかおりもしている。ザクッ

「おお〜うまいうまい！」

見た目に騙《だま》されて、ひどいマズサを想像していたが、なんと、かなりのレベルの旨さではないか！　しかも、醤油《しょうゆ》だの酢《す》だのがいらない。

「ま、いっか思想に乾杯！」

いっせいに、おかわりの缶ビールを合わせるのであった。

# タイカレー荒船山

東京から、高崎線に揺られて、ひと眠りしたころ、西の方角の車窓に目をやると、おもしろい形の山が現れる。

《荒船山》あらふねやま
山とは、基本的に三角形をしている。富士山に寄せた形をしている。ところが、この山は、上部が真っ平である。

定規《じょうぎ》で引いたような真っ平の山ができる地球の活動があったようだ。列車から眺めていると、「上に空港でもあるのか？」感想がわく。

目をこらすと、右端、つまり北の端っこが断崖絶壁になっている。

分かりやすくするために、ティッシュの箱を持ち出そう。ティッシュの箱と

は、上部がフラットだ。はじっこは、切り立っている。ストンと落ちている。まさにこんな形の山が、首都圏から2時間ほどの場所に、ある。

登山口から歩きはじめて、数分で驚く。登山道に、ガードレールがあるではないか！　こんな山道をはじめて見た。さほど、急峻《きゅうしゅん》な崖のわきを登ってゆく。つねに崖がかかわっている。

3時間も格闘すると、頂上といわれている、艫岩《ともいわ》に着いた。そこは、さっき見たティッシュの箱のカドッコだ。ドッチに歩いても落ちたら命にかかわる岩の突端だ。実際、看板があり、「落ちた人がいる」と書いてある。「近づくな」とも書いてある。書いてあるのだが、断崖とは、覗《のぞ》かない限り、そこがどんな場所かわからない。

テレビ番組では、ドローンを飛ばし、その全貌を明らかにしてくれるが、実際、そこにいる人間には、危機感はない。気持ち的には、「へ～っ」としか思っていない。これが、危ない。

艫岩でお昼を食べることにした。どうやら、ほかの登山者も、同じ考えのようだ。２メートル歩いたら、断崖のフチ。そんな所で、オニギリだのパンだのを頬張《ほおば》っている。異様な光景である。

童話に、オムスビを落としてしまい、コロコロころがる話がある。

もし、この艫岩の上で落っことしたら…

コロコロと転がり、崖のフチを越えた途端、１００メートル以上フリー落下して、オムスビは、粉々になるだろう。

もし、そのオムスビを、追いかけようとした御仁《ごじん》がいたらどうなる？

「こりゃこりゃ」手を伸ばしているうちに、崖をヒョイと…

語るだに怖い。

では、もし崖の下がどうなっているのか、見たくなる輩《やから》がいたらどうなる。

なぜか、パーセンテージで、（わずかなのだが）崖の下を覗きたくなる輩がいる。どんなに禁止しても覗きたくなる。

そのなかで、やはり、わずかの人が…落ちる。

なぜ、落ちたのか？　どうやって落ちたのかは、本人が語れないので、知るすべがないのだが、想像をたくましくすれば、コレに尽きる。
「もうちょっとだけ」

荒船山から降りてきたその足で、キャンプ場に向かう。
夕食は、いま見たゾクゾク感を前面に押し出したメニューにする。
スーパーで、買い求めたのは、牛肉の塊り、450グラム。
10センチ×10センチ×6センチ
見た目、荒船山の断崖にそっくり。赤い肉を岩山の黒にするべく、まずはフライパンで焦げ目をつける。その後、炭火の上に乗っけておき、じんわりと火をとおす。さて、鍋《なべ》では、ニンニクとオリーブオイルを温め、そこにタイカレーのペーストを炒《いた》める。ココナツミルクを注ぎ、野菜を煮《に》る。最後に、コンガリ焼けた肉塊をのせればできあがり。題して、
《タイカレー荒船山》
パプリカの赤と黄色が、紅葉を、
マッシュルームが、崖下の樹木。

荒船山にそっくりのタイカレー。

ブロッコリーが、針葉樹林。

レタスが、熊笹の原に仕立てた。

ささて、ナイフを差し込む。

切った崖の断面はピンク色をしている。

崖を切りとり、タイカレーにつけて食べる。う～～ん、旨《うま》い！

いつの間にか、夕陽が、台地にあるキャンプ場をオレンジに染めてゆく。振りかえれば、肉塊に似た荒船山が、存在感たっぷりに夕陽をあびている。

私は…ワインをあびている。

# はじめてのキャンプは、いつだったろう？

それは、大分県の傾山《かたむきやま》の山中だった。

１７歳の真夏、豊肥《ほうひ》線の列車にガタゴトゆられ、三重町《みえまち》駅からバスで傾山の麓《ふもと》まで運ばれ、歩き出す。キスリングと呼ばれる大きなザックを背中に、山に分け入った。初日は夕方になると、水を求めて川の横にテントを張った。

食料は缶詰。それもサバ缶１０個。

はじめてのキャンプとは、無計画に近く、想像力が欠けた準備の仕方をする。レトルトというものがまだない時代とはいえ、ゴハンを焚《た》くという信念はない。缶詰を食べるだけの食事。それもサバのみそ煮《に》の缶詰が好きだからというだけの理由で、ほかの缶詰すら持ってきていない。いちおう温めるための燃料はある。固形燃料といって、旅館などで、小さな鍋《なべ》の下に置いて火をつけるアレである。

大き目の固形燃料を石の上に置き、火を点《つ》け缶詰をその上に置く。5分もほおっておくと、缶詰が膨《ふく》れはじめる。やがて足で蹴落とし、缶切りで開けようとするのだが、膨らんでいるので缶切りが役に立たない。しかたなくナイフを表面に突き立て、十字に切る。パッカリ開けた口から、サバの味噌煮のうまそうな匂《にお》いが、谷間にひろがる。箸《はし》でむさぼるように食べる。オレンジ色のサバの脂《あぶら》に酔いしれる。なんやかや3缶分、腹におさめた。

そのころには、まわりが暗くなりはじめ、ロウソクに火を灯《とも》す。あっという間に、森の中は暗くなる。いったん暗くなると、真の闇《やみ》がおとずれる。テントから離れると、目を凝《こ》らしても何も見えない。自分の手の平がボォ〜と白く感じられるだけだ。ロウソク明かりのなんと頼もしいことか。

翌朝、ふたたびサバ缶を3缶たいらげ、傾山をめざす。標高1605メートルの高さは、九州の山としては高山の部類にはいる。標高差1000メートルをかせいでゆく。汗が噴《ふ》き出るたびに水を飲みたくなる。そして、胸の奥が妙な気分になってきた。胃袋からイヤな匂いが戻ってくるのである。

その匂いは、明らかにサバの味噌煮の匂いである。それしか食べていない胃袋が、謀反《むほん》をおこしたかのように、ゲップ状のイヤな匂いに変換して戻してくる。

やがて傾山の岩稜《がんりょう》を登り切り、頂上に立つ。しかし、感激より、ゲップの匂いに悩まされる。腹が減っているのだが、食糧は例のモノしかない。しかたなく冷たいまま食べる。食べるときは問題なかった。しかし、問題はそのあとだった。傾山から稜線をたどり祖母山《そぼさん》（標高1756メートル）に向かう。その登り下りで、ゲップが繰り返し襲ってくる。おまけに体に悪寒《おかん》まで走りだした。どうやら、夕べの冷え込みで風邪をひいたらしい。

祖母山の頂上付近では、大分県と宮崎県と熊本県の境の標識の石があり、その周りをグルグル回った。3県を走り回るという遊びだったのだが、このグルグルがいけなかった。ただでさえ熱が出はじめた身体にめまいまで加わって、ふらつきはじめた。予定では、南方面の宮崎側に降りるつもりだったので、そちらの道をたどる。そのあと、どれくらい歩いたのか記憶がない。夕方近く、バス停の横にいた。1日に1本しかこないバスがくるハズの村のあぜ道で横たわっていた。

体のだるさと高熱で眠りこんでいた。そこに通りかかったおばあちゃんが、おいでおいでをして、家に連れて行ってくれた。その村に5軒しかない農家の一軒は、おばあちゃんの息子ご夫婦とふたりの子供が住んでいた。泊めてくれるという御厚意を受け、敷いてくれた布団《ふとん》にもぐり込んだ。

「ごはん食べられんかい」

少し元気が出て、炬燵《こたつ》のある部屋に向かうと、10センチくらいの長さの蛍光灯が灯っており、子供たちがうつむいたまま、ぺこりと頭をさげた。頑丈そうにみえるお父さんが語るには、灯りは水力発電を自分でつくり、今夜は、久々のお客さんということで、お母さんが寿司をつくったのだという。見ると、ピンクのデンブが中心にある巻きずしが皿に並べられている。「いただきま〜す」の声に子供たちが嬉しそうにガッツキはじめる。

お父さんが足を見せてくれた。甲に盛り上がった部分がある。山の中で、釘《くぎ》を踏み抜き、「ええいままよ」とほおっておいたら、何年もかけて裏から甲に突き抜けてきたと言う。出てきた部分を削っていると笑いながら語る。

おばあちゃんに質問してみた。「海を見たことがありますか？」しばらく考え、「ない」と答えたあとに、孫たちが延岡《のべおか》に行ったときに撮《と》った海の写真を見せてくれたと、つぶやいてくれた。

「海見たいですか？」の問いには、ただ首を振っただけだった。いまから50年前のこととはいえ、海を見たことがない人がいたのである。


そんな山の中に暮らしている方のお名前が「湊《みなと》さん」と知ったのは、家族に見送られて、バス道を歩いて高千穂《たかちほ》の町へ下る翌朝だった。

以後、2度ほど村を訪ね探しているのだが、いまだウチが見つからず、感謝の言葉を伝えられないでいる。あのとき手を差し伸べてくれたおばあちゃんに、海の水を舐《な》めさせてあげたかった。

# 塗り箸の恐怖

「皆さん、カップラーメンを塗《ぬ》り箸《ばし》で食べるのはやめましょう！」

カップラーメンが食べたくなった。買ってきた。自宅で食べるので、割り箸ではなく、つい塗り箸を使った。

（どっちでも一緒でしょ）と思ったアナタ！

災難はいつ降りかかるか分からんよ。

通常通りの手筈《てはず》をふみ、お湯をそそぎ、３分待った。やがて、上ブタをべリリと剥がし、粉を投入し、箸でかき回した。

さあ、食べよう！

麺が堅そうだったので、ハシでグイッと下に押し込んだ。っと！

プスッ…ん？

塗り箸の片方が器のハッポースチロールの底を突き破り、下に3センチほど飛びだしている。塗り箸とは、先がやや尖《とが》り、文字どおり色が塗られているので、滑りやすくなっている。ちょいと押しただけで、ハッポースチロールをいとも簡単に突き破ってしまった。

《あとで考えれば、このままにしておけばなんの問題もなかったのだ》

（やばっ！）

思わず、箸を引っこ抜いてしまった。すると、どうなる？　抜いた穴から、ラーメン汁がピューと流れ出した。おいおいおい！　慌《あわ》てて、器を持っていた左手の小指で、穴を塞《ふさ》ぐ。

「アチチチッ！」

熱さに耐え兼ね、小指を離す。たちまち、汁が飛び出す。塗り箸をもう一回、穴目がけて差し込もうとするが、なんせ、ラーメンは濁っている。とんこつだ。穴が分からない。

その間にもジャージャー流れ出す。

（どうすんだ？　こういうときどうすんだ？）

顔の上に掲げて、汁だけいっきに飲むのか？　俺は猫舌だぞ！

そうだ、何かの器に入れれば！　テーブルから台所の流しまで、走った。途中、ラーメン汁の川ができた。

あった！　この鍋に入れよう！　ヒョイ！　鍋の上に器をささげたとき、最後の雫《しずく》がポタリ…

残ったのは、汁に濡れただけの麺とチャーシュー。そして、それを見つめる男。

（これしかなかったのだろうか？　ほかに対処法はなかったのだろうか？）

原因は〈塗り箸〉である。割り箸では穴は開かない。皆さん、冒頭の言葉を肝に銘じてください。

「カップラーメンを塗り箸で食べるのはやめましょう！」

# ガリガリバリバリ揚げた豆

次ページの絵のこの豆を、なんと呼ぶのか知らないのだが、たぶん原材料は、そら豆だと思う。子供のころから食べており、いまだ販売しているということは、かなりの人気商品だと思われる。ボクのなかでも、おやつやおツマミとしても、人気が衰えず、上位に位置している。

ただ、その食べ方は、皆に笑われる。

アナタにききたい。コレをどうやって食べてますか？

皿に盛られたこの豆を手に取り、茶色の皮をガリッとはずし、二つに分かれた豆を口に放り込む。これが一般的だ。たぶんアナタもそうやって食べて

カニの甲羅グラタンも豆も殻までいただく。

いるでしょう。

ところが、ボクの場合はこうだ。皿から手に取る。そのまま口に放り込む。つまり、皮ごと食べるのである。ガリガリガリ、ぐちゃぐちゃぐちゃ…

このとき、イヤなことが起こる。

カリカリの硬い皮が、歯と歯のあいだに刺さる。一個食べるあいだに一か所ほどの確率で刺さる。刺さったまま、グチャグチャ食べているので、千切れた破片が刺さったままになっている。あまり嬉《うれ》しくない。

そして、卑《いや》しいことに、ほかの皆が食べ残した皮のカラを皿から奪い、ガリガリと食べる。このときばっかりの刺さり方は、いちじるしい。刺さりまくっている。爪楊枝を使いたいのだが、それはしない。しても、次の豆を砕いたときに、また刺さるからだ。

では、なぜ皮であるカラを好んで食べているのか?

子供のころは、単に食べる感触が好きだったからに過ぎない。いまは、カラを残すのがしのびないのである。

本来食べられるモノを捨てるのがしのびない。

コレはあの食べ物に似ている。
北海道などに行き飲み屋に入ると、コレがメニューにある。
《カニの甲羅グラタン》
ズワイガニの甲羅に、グラタンを詰め、オーブンで焼いている。
食べるには、箸《はし》やスプーンで甲羅の中身を食べる。したがって甲羅は器とし

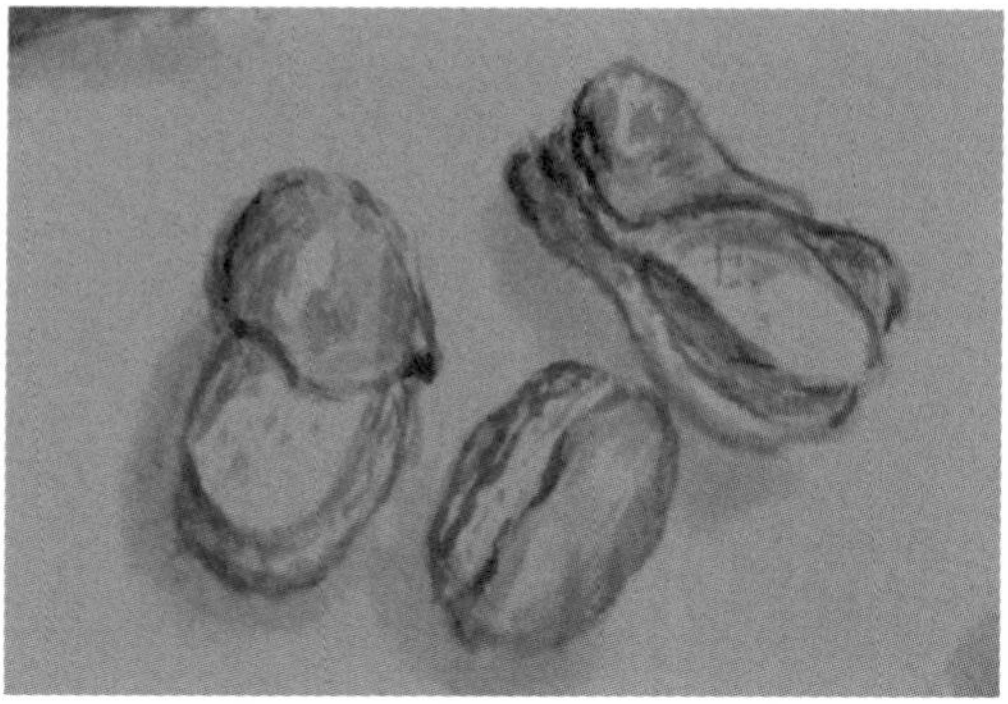

ての役割しか果たしていない。なので通常は、客が帰ったあとに、従業員が片づけをすると、甲羅が皿の上に残っている。
ところが、我がテーブルだけは、甲羅が消えている。どこに行ったのか? 答えは腹の中だ。ガリガリバリバリと砕かれ、飲み込まれ、ひょっとしたら使い回すかもしれない器を食った犯人として、店の扉をあけて夜に紛《まぎ》れるのである。
シーハーしているのは、爪楊枝で歯の隙間をつつく音だ。

だから豆のカラを食べるくらいで、目くじらを立てないでほしい。
シーハー

# そ
## 「味噌」

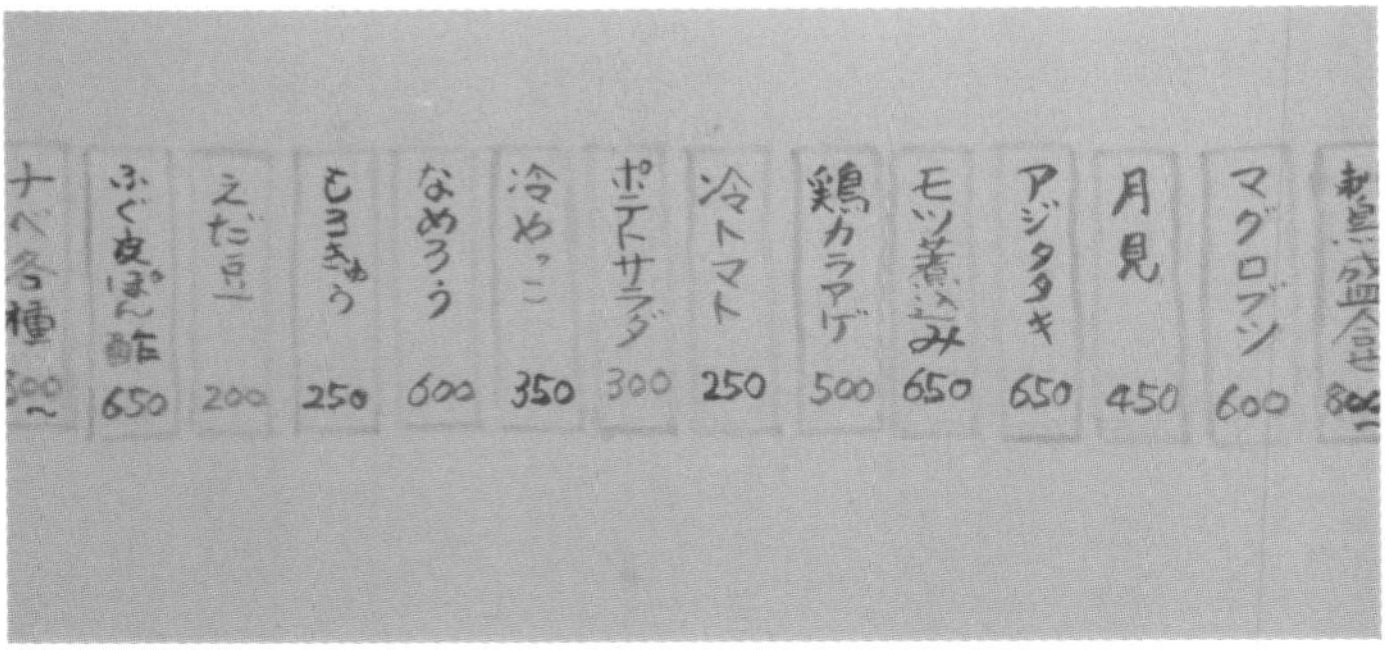


「俺がつくったナメロウはうまい」。ナメロウとは千葉で生まれた味噌《みそ》タタキである。アジを使用しているが、我が家では、もっと脂ののった魚、イワシやサンマが役目を果たしている。

調味料として白味噌を使う。甘みを加えるためだ。かすかにニンニクも利かし、ネギを刻《きざ》んで叩《たた》くとネバリが出てくる。煮切った日本酒を少々たらし仕上げる。白味噌の感じないほどの塩分がまろやかさの演出に役立っている。赤味噌だと、塩辛さが全面に出てくる。その場合は砂糖を使えばいいのだが、残念なことに我が家に砂糖はない。その結果白味噌にたどり着いた。

このナメロウを食事の最初から食べはじめると、あまりの旨さにそれだけで終わってしまう。これが飲み屋だと、それしか注文しないので、飲み屋はあがったりとなる。だから昔、店ではお品書きにナメロウとは載せず、壁に味噌タタキなどと小さく書いて貼《は》っていた。知る人だけが食べていたのである。

知っちゃった人は、やがて自分でつくるようになり、自分ふうにくふうし、ついには同じ言葉を吐くようになる。「俺がつくったナメロウはうまい」

# 第6章☆ 酒の立場

# ウイスキーの立場

　ウイスキーの立場はある日、焼酎《しょうちゅう》に逆転された。

　30年以上前、酒場に行くと、ビール、日本酒と注文がつづき、では、そろそろってんで、ウイスキーのボトルが入れられ、水割りのはじまりとなる。

　ウイスキーは、バーのカウンターで飲むものばかりではなかった。板前さんのいる酒場や、サラリーマンの帰り道の飲み屋でも、ウイスキーの水割りが注文された。とりあえずビールの次に、すぐにウイスキーのボトルが入れられることも大いにあった。飲み屋の奥の棚にならぶボトルといえば、ウイスキーのことだった。

　やれ「ダルマだ」「カクだ」「白だ」と、値段によって風格がちがった。「ロ

イヤル」の首のところに、《わたなべ》の札が下がっていれば、わたなべさんの会社での序列がだいたい分かった。

ところが35年ほど前、この地位が、焼酎にとって代わられたのである。ウイスキーの味が落ちたのではない。値段の問題でもない。単なる焼酎の凡庸性のセイである。

O型血液が、すべての血液型の人に分け与えられるように、焼酎はすべてのオカズに褒《ほ》められた。

その点、ウイスキーは刺身にヒジウチをくらった。嫌われたわけではないが、もっと楽できる酒があるのに、なにもウイスキーにコダワる必要性が疑われたのである。

するとウイスキーは、２軒目以降の店に特化するようになった。ややお高い店で、雰囲気づくりに、ピアノとともにその力を発揮した。よしこれで大丈夫と、安心しかかったところに、ふたたび焼酎の波が襲いかかる。焼酎までもが、高級感を押し出してきたのだった。

いまや、本場イギリスのスッコチに認めてもらうほどの良品を生みだしている日本のウイスキー。

何かのときにグラスにそそぎ、コロンコロンと氷の音に心をしずめ、酒類のなかでも、もっとも豊かな香りを楽しみながら、トロ～リとした熱を味わう。熱とは、喉から腹に落ちてゆく温かさである。

「ああ～ここに胃袋があるのだな」

からだの内臓の位置を確認できる稀有《けう》な瞬間だ。グルルゥ～、下痢のときに大腸の位置を確認できるが、あれは苦しい瞬間である。ウイスキーの場合は、あきらかに「心地ちよさ」が伝わってくる。

ウイスキーの話をしているのに、下痢を引っぱり出すとは、品性が疑われるが、臓器を感じるひとときを味わう機会はそうそうない。

いずれにしてもウイスキーの立場は、ある意味、確立されている。

《独立独歩》

時折、素晴らしく出来の良いウイスキーができる年があるらしい。

「世界の車窓から」の番組がはじまった１９８７年に、撮影隊がイギリスに向かった。その20年後、ナレーター石丸みずからイギリスに向かい、スコットランドにあるベンネビスという高い山の麓《ふもと》のウイスキー醸造所を訪ねた。オーナーの方にお願いして、1987年ものを飲ませてもらおうとしたところ、その年の品だけもう無くなったというのである。あまりにも美味しいウイスキーができたので、世界中で売れまくり、飲み切ったと語る。

そのとき、内心ふふふと不敵な笑みを浮かべた。我ら「世界の車窓から」の撮影隊が来たことと何かの縁があるのではないか？　もしそうなら、さらに20年後、ふたたび訪れようではないか。もし、また素晴らしいウイスキーができたのなら、我々のなにがしかのチカラが関係しているのではないか？

思い上がりははなはだしいアイデアのために、2027年に、再訪しようとしている。

# 焼酎の立場

焼酎《しょうちゅう》は、ワイン・紹興酒《しょうこうしゅ》・日本酒などの醸造酒と違って、蒸留酒である。大雑把《おおざっぱ》にいえば、ウイスキーと同じ製法となる。

だから、蒸留すればするほど、度数があがる。アルコール度が高くなる。沖縄の焼酎は、かるく40度を超えている。

戦時中に、戦車を酒で走らせた伝説があるのは、焼酎を燃料に使ったのであろう。蒸留を繰り返して、60度、70度のモノをつくったのかもしれない。

ただし、度数が高くなればなるほど、旨《うま》みは薄くなるような気がする。

焼酎の立場は軽い。

ときおり酒場で、「焼酎にでもしときましょうか」と「でも」が使われることがある。

酒類として、オールマイティな性格なため、どんなオカズにも合う。刺身だろうが、ステーキだろうが、中華だろうが、「なんでももってこい」的な、八方美人な性格のおかげで、どこにでも顔をだす。八方美人が悪いほうに傾くと、焼酎じゃなければならないとの、限定の柵ははずされてしまう。結果、「焼酎にでもしときますか」と軽くあしらわれてしまう。

さらに、焼酎の立場の弱いところは、薄めて飲まれてしまう酒である点だ。ワイン・紹興酒・日本酒は、水で薄めない。ところが、焼酎は薄められる。薄めるだけならまだしも、中にレモンだのカボスだのを入れられる。甘いソーダ類も入れられ、元の本体がなんだったかを、分からなくまでしている。アルコール摂取だけが目的の行為に、加担させられている。

ここまでくると、立場の主張すらできなくなっている。料理の邪魔を決してしないウイ奴《やつ》なのに、いい奴すぎて、

「ああ〜うまいねえ〜」

と褒めたのは、刺身のほうだったなんてことになる。台所の隅《すみ》に立っている空になった焼酎の瓶が悲しそうに見えるのは、立場が薄いセイだろうか？

ところがある日、焼酎も決起した。プレミア品を発表したのである。入れ物にもコダワリ、名前も、むずかしい漢字を活用したり、日本酒とみまごう姿に酒屋で客が戸惑うほどになった。

値段もそれなりで、「でも」という助詞の廃絶運動に向かいはじめた。むしろ、「焼酎を」に変わったのである。

焼酎の立場の逆襲に酒界が動転したのだった。

「課長、麦でよろしいですか？」

飲み屋でボトルを入れるとき、部下がお伺いをたてる。

「いや、私は芋いっぺんとうなんだヨ」

違いが分かる上司でありたい課長は、コダワリをみせるのであった。

# ワインの立場

最近、肉を食べることがふえた。すると、当然ワインを飲む回数もふえる。

いま、「当然」と言ったが、だれもが当然ふえるわけではない。

我が家では、当然ふえるような食べ方をしている。

ステーキを焼けば、そりゃ当然ワインとなるだろう。漬《つ》け込んだスペアリブを焼くとなれば、当然ワインだろう。最近凝《こ》っているローストビーフがコンガリできあがれば、当然、ワインがなければはじまらない。

はじまらない…ん？

「あれっ、ワ、ワ、ワインがない？」

冷蔵庫にも、地下蔵にもワインが見つからない。前回飲み切ったのか！

こんな大切なときに！　時折、そんな事態が出来《しゅったい》する。肉を焼きはじめる前に、ない状態を発見すれば、なんとか対処できる。酒屋に走るとか、スーパーに駆《か》け込むとか、ご近所のコンビニでごまかすとか、策はある。酒だけは自分でなんとかする主義だ。

しかし、すでに肉の香ばしさ溢れる台所で、ワインなしの緊急事態発令を聞いたら、時間を巻き戻すわけにはいかない。しかも、姿は、風呂あがりでパジャマという完全なるくつろぎ着。走ってコンビニまで行く気力が失せている。

ここで、小さな葛藤の時間がもたらされる。ビールでなんとかやりくりするか？　着替えて酒屋まで走るか？

う〜む…ビールでなんとかも、魅力的に映る。しかし、夕方から我が全身は、ワインが入り込む身体にセットされている。ワインが入った状態が正常だと、未来予測が成り立っている。そこへ、いくらビールが旨いと誘われても、体勢変換がそう易々《やすやす》と進むとは思えない。なにより、ワインの顔が立たない。

ワインだって、立場があるのだ。

ワインになんの立場だと、いぶかりの貴兄は、ワインの気持ちが分かっていない。ワインは、ただ飲むために進化したのではない。料理を美味しくいただくために、切磋琢磨《せっさたくま》してきた歴史の賜物なのだ。たまたま冷蔵庫にワインが転がっていたから飲もうかでは、ワインに失礼というものだ。

よもやワインしかないからという理由で、冷や奴に、ワインの栓《せん》をあけるのは、我が家の客人のなかでは、滝田君しかいない。滝田君というのは、同い年の友人で、何を出してもすべてペロリと食べてしまう健啖家《けんたんか》である。

あるとき、冷蔵庫に日本酒しかなかったという理由で、甘いぼたもちをオカズに日本酒を呑むという、不思議な食事風景を見せてくれた。ビールで乾杯をする前に、ミントガムを噛《か》んでいたのも彼だった。

立場という考え方になじまない代表といっていい。彼の前で、ワインの立場を語るのはやめとこう。

# ビールの立場

ビールの立場は、鮮明である。

これまでの、いろんな酒と一線を引いている。

まずもって、ビールは酒ではないと言う人すらいる。

「アレは、のどごしだよ」

ほかの酒の話をするときに出てこない単語ばかりが目につく。

「いやぁ～、最初のひと口目は、たまんないねぇ～」

「ビールのない人生なんて」

「世の中にビールがあって良かった」

「禁酒法の時代には、ビールだけは飲めたんだろ?」

アルプスの山小屋のテラス、生ビールで祝杯！

ビールを語るとき、人は語りが乱れる。本人も、口から出た言葉に責任を感じていない。浮《うわ》つく。動きで表現すれば、かかとをつかずに歩いている感覚とでも言おうか、フワフワしている。

酒は「呑む」という漢字を使うが、ビールに関しては「飲む」を使う。「ビールを呑む」では、状況が変わってくる気がする。いかにもチビチビやってそうで、「呑む」はビタービールのときに限定したい。

ビールは酒ではないと主張する人は、健康診断が終わった日に、胃カメラを飲んだりしたため、医者に、「今日は、酒をやめといてください」と言われ、「はい」と返事をしたその夜、シコッ、缶ビールを開けている。

「あなた、医者にとめられたんでしょ」

「おうさ、でもこれはビールだから」

別にひらき直っているわけではなく、本気で返事している。ビールは酒に含まれないと、認識している。

酒酔い運転禁止となり、ビールも含まれるのかと質問した人がいたとの、ホントかどうか分からない笑い話があったが、酒のみは、ビールを酒類からはずしたがる。

ところでビールの飲み方は特殊である。何が特殊なのかといぶかるアナタに問いたい。アナタはビールを口のどこで飲んでいますか？

最近、右の奥歯が痛む。たぶん、歯の知覚過敏。痛むというより、しみる。冷たいモノはもちろん、熱いモノでもしみる。だから、冷たい飲み物は、ゴクゴクとはいかない。

左側に寄せながら、チビチビ飲んでいる。なさけない。

そんなとき、晩酌にキンキンに冷えたビールを、カポカポとグラスに注ぎ、泡に見入りながら、口元にもってくる。

しみるのならば、ここで戸惑うハズ。ところが、ビールの場合、なぜか、グイッと流し込む。温度的には、かなり冷たい部類。なぜ、しみないのか？

同じ飲み方を水でしてみたのだが、いや～、しみるのなんの！すぐに吐き出してしまった。

いま、同じ飲み方と言ったが、ほんとに同じだろうか？

もう一回、ビールをグイッとやる。このとき、ビールの口内滞在時間が、非常に少ない事実がわかった。口元に入るやいなや、口内のホホの裏にさえ触らずに、喉《のど》にいっきに流している。

では舌はどうしているかといえば、歯の上にドデ～ンと横たわり、動かないでいる。言い換えれば、歯をブロックしていると考えられる。

「ビールはのど越し」

と言われるさまが、まさに行われていた。牛乳やジュースのように、口の中でクチュクチュだの、モグモグだのという味わい方をしていない。通過時間短縮の、特急列車さながらである。

東海道新幹線の《のぞみ》である。

東北新幹線の《はやぶさ》である。

いま、お茶を飲んでいるのだが、お茶も口に入れると、いったん口を閉じ、あらためてゴクンと飲み込む。ところが、ビールは、口を閉じる前に飲み込んでいる。理解しにくいアナタに説明しよう。

生ビールのジョッキをアナタが飲んでいるとしよう。ひと口ではなく、ゴクゴクゴクと3回やったとしよう。アナタは最初のゴクのあと、口は閉じていない。あけたまま、次のゴクをやっているのだ。ある意味、かなり器用な嚥下《えんげ》をしている。

んなバカな、と思ったのなら、いますぐ台所に行き、カップに入れた水を飲んでみよう。口を開けたまま飲んでみよう。失敗すると肺に入るかもしれないので、流しに吐き出す用意をしながら、飲んでみよう。

どうです？簡単ではなかったでしょう。

その飲み方を、ビールではしている。

だれに教わったわけではないのに、ビールに特化して、その飲み方を獲得した。よって、歯にしみないのである。

ときにきびしい山から降りてきて、あと少しで宿にたどり着こうとするとき、仲間のあいだでビールのシュプレヒコールがはじまる。「温泉に入ってビールだぁ～！」声を出すと同時に、右手をコップを持った形で差し出している。たまに、拳《こぶし》を軽く握った形で差し出している人もいるが、アレはエアージョッキを握っている。普段どこで飲んでいるのかバレている。ビールを、酔うために飲むモノではなく、大きな溜息をつくために飲むモノにしたいのだ。プファ〜、これがやりたいだけなのだ。

ゆえに、ビールの立場は、法的には酒類なのだが、心情的には、酒ではない。ではどう呼べばいいのかと問われれば、ビールは、ビールなのである。ビール国にはビールしかないのである。

# 日本酒の立場

日本酒の立場は、はっきりしている。日本という風土をバックボーンにして、すっくと立っている。

イギリス人が、スコッチをストレートでクイクイやるように、日本人は日本酒をストレートでチビチビやる。舌《した》とノドの両方で味わい、胃袋でも反芻《はんすう》する。なかには、舌以前に、くちびるでも味わう奇特な方もおられる。

その方は、手に持った盃《さかずき》に、かなり遠くから、くちびるを突き出すようにして近づいてくる。酒を近寄せるのではなく、みずからが酒に近づいてゆく。目の黒目の部分だけが、下方に固定され、澄みきった酒の水面を見つめている。くちびるが触れるギリギリのところで、一度、盃を揺らす。

やには、チュッ、酒の表面に触れる。知らない人が見ていたら、あまりの酒好きなために、酒本体とキスをしたのかと勘ぐってしまう。ここで、一度くちびるを離し、口と鼻の両方で溜息をつく。その吐息が酒面《さかも》をゆらす。いざ…

本格的にくちびるを寄せ、グイッと舌に流し込む。と言っても、すぐにノドに落とすのではない。少量の酒を、口の中アチコチに挨拶《あいさつ》まわりさせる。上の歯茎《はぐき》さんこんばんは、下の奥歯さんごきげんよう、うわアゴざらざらさんお元気ですか。

ご機嫌《きげん》うかがいを立てた上で、やっとノド奥に、トロ〜リころがってゆく。のどぼとけがゆっくりと動き、ついに身体の奥へと落ちてゆく。

ここからが、心地よさを味わう場面となる。体の中にゆっくり何かが広がる感覚…

ウイスキーのように度数の高い酒であれば、ひろがり方が急激で露骨なのだが、日本酒の広がり方は、のんびりとしている。話しでもしていれば気づかないほどの、おだやかさである。気づいたときには、腹のあたりが暖かくなっている。

そのおだやかな心地よさが日本酒の特徴である。

日本酒に立場があるとしたら、エキセントリックな刺激をすべて避けた点だ。何事もおだやかに、和をもって尊しとする。だから、酒の肴《さかな》も、刺激を求めない。

ヒラメの刺身とカレイの刺身の味の違いが分かる日本人の舌を、なるべく刺激しないようにしている。つまり、立場をわきまえている。その立場を尊重して、蕎麦屋《そばや》では幅を利《き》かせている。

蕎麦と日本酒は落語の語り口では、なくてはならないものだ。

「ズルズルっとやりながら、キュッといっぺぇやるってぇと～」

目の前で演じられると、寄席を出た足で蕎麦屋にとび込みたくなる。実際、蕎麦屋に入り、蕎麦とお銚子を注文できるようになったのは、５０歳過ぎてからである。そんな判で押したような芸当は恥ずかしくてできなかった。ところが一度足を踏み出すと病みつきになる。

「抜きください」、通ごのみのセリフを使ったりする。

「蕎麦を抜いて天ぷらを下さい」と素直に言えばいいだけのことなのだが、これも蕎麦食いの味わい方だと信じている。


昔々の秋の夜、父親が、けんじろう君を呼んでいる。行ってみれば、中秋の名月が明々と空に浮かび、父は縁側に座り、丸いお盆にお銚子と盃、そして小皿に鯛の刺身がひと切れだけ醤油に浮かんでいた。

「いいか、ほんものの酒呑みはな、月を見ながら、ちょいとひと口」

言いながら、盃のぬる燗《かん》を旨そうに呑む。盃をお盆に返すと、ハシで鯛《たい》の刺身をヒョイと裏返し、醤油のついたハシを舐《な》める。

ふたたび、盃を口に運ぶ。

「いいか、刺身は食べたらいかん、食べてしまったら月見はお終《しま》いになる」

その後、満月が庭の柿の枝にかかるまで銚子を傾けつづけていた。


半世紀も経ったある日、本物の酒呑みになれたのかどうか試すため、同じ

「ほんものの酒呑みはなぁ」

シチュエーションで秋の夜、縁側にひとりで座っていた。

もちろん刺身は鯛ひと切れ。月をめでながら呑むぬる燗は、ひとしおで、歳月の流れを味わっていた。そして味わいついでに、鯛に箸《はし》を伸ばそうとしたら…

かなしいかな、いつの間にか腹に収められていたのである。

…月はほとんど動いていなかったというのに。

# 日本酒への想い

子供のころ、父親には「日本酒を呑む」という習慣があった。

いわゆる晩酌《ばんしゃく》である。

燗《かん》つけ器という取っ手のついたアルミの容器に、一升瓶《びん》から日本酒を注ぎ、ヤカンの中に浸す。

数分たつと、良い湯加減になるそうで、時折その係を仰《おお》せつかった。

しかし、燗つけ中に近寄ると、熱を加えた酒のにおいが鼻につく。むせるような、やな臭いである。吐きそうな臭いと言えなくもない。

「お燗ついたヨ」

アルミから、お銚子と呼ばれるモノに酒を移し替え、持ってゆく。この移

し替えのときに、さらに臭いが鼻の奥に突き刺さり、オエッとなる。こんなモノを呑むのか？　見ていると、いとおしそうにお銚子から小さな盃に注ぎ、ジュルッと音を立てて呑んでいる。子どもには、飲みものも汁モノも音を立てて飲むなと叱るくせに、自分は、ジュルジュルと、ことさら音を立てている。たぶん、わざとだ。

「あ〜〜〜」。顔を斜めにため息をつき、アゴを突き出したりしている。目の前にあるカワハギの刺身を箸《はし》でつまみあげ、ヒョイと口に放り込む。

「あ〜〜〜」。

さらに顔を傾け大げさにため息をつく。あれも、たぶんわざとだ。

「あ〜〜うまいなぁ〜」。

刺身がうまいのか、酒がうまいのか、わからない。少なくともカワハギの刺身は、ご飯で食べたほうがうまいはずだ。ボクはそのほうが絶対うまいと思う。あんな臭いの酒で食ったって、うまいはずがない。

年に何回か、我が家に社員が集まる時があった。年始には大勢があがりこんで、宴会がひらかれた。当然のように、燗つけ器が活躍する。台所には、あの臭いが充満し、運び役のけんじろう君が、廊下を走り回る。ワイワイ騒いでいる部屋に入ると、ムッとする臭いに頭がクラクラする。全員が、あの臭いを発している。延々つづく、臭いとのたたかい。そこで、けんじろう君は首を傾《かし》げた。

臭いはひどいが、味はどうなのだろう?

お銚子を運ぶ途中、廊下の隅《すみ》で、鼻をつまんでチビッと口に入れてみた。オエッ。臭いもひどいが、味はもっとひどかった。

当時は、酒をお燗にするのが飲み方の基本で、「ひや」という呑み方はあるにはあったのだが、それは個人的な呑み方で、通好みと言われた。しかも飲み屋で、ひやを注文すると、いまでは、グラスに入れてくれたりするのだが、当時は、お銚子に常温として入れられ出された。周りにいる人たちからみると、お燗した酒なのかひや酒なのか、区別がつかない。

時は順調に過ぎ、謙二郎君も20代を迎えた。法律的に酒を呑んでよい季節がやってきた。それでも日本酒に興味がわかなかった。というよりビールを含め、酒全般に関心がなかったのである。周りの大学生は、なにかというと、酒を呑みたがった。やれコンパだ、やれ懇親会だと名前をつけて、酒を呑む機会をつくった。とくに懇親会のほうは、出ないワケにはいかず、出席する。場所は飲み屋の畳の席だ。まだ瓶ビールが全盛のころで、人数を超える瓶ビールがガチャガチャと運ばれ、アチコチで、シュポン、シュポンと栓《せん》を開ける音がかまびすしい。

「若い」というのは、「気がはやい」と同意語で、すぐに酔いたい、すぐに変になりたい人たちを乱造する。

酒とは不思議な飲みもので、「酔おう」と努力すれば、同量の酒でも酔いが早い。逆に、「絶対酔わないぞ」と目を光らせて呑んでいると、ある程度酔いは遅らせられる。このデンからすると、学生たちは、「酔おう」などという緩《ゆる》い考えではなく、「酔い狂うぜ！」という究極を最初から求めて呑んでいるわけで、その酔い方ははげしい。そのうえ、おおいに身体を動かす。身体が活性化し、酔いは全身をかけめぐる。酔いが酔いを手伝い、上におしあげ、手がつけられなくなる。お金があまりないというだけの理由により、オカズをあまり食べられないので、酒だけを摂取する。いい大人がする呑み方ではない。見方を変えると、お酒がもったいないともいえる。

さあ、そんな席に座らされたボクは、一応、ビールに口だけはつけていた。ちょいと口に含むと、すさまじい苦《にが》さにむせる。ちょいと含んでは、手元の空いた器にペチョッと吐きだす。

よもや、日本酒にいたっては、鼻に近づけただけで気持ちが悪くなるのに、体内に取り込むなどもってのほか！

日本酒に対するこのマイナスの想いは、その後、３０歳を過ぎても変わらなかった。

そんなある日のこと、３３歳になり、役者として旅先にいた。舞台の地方公演で2か月ほど東北地方を巡り、最後に新潟県内をまわっていた。このころには、ビールと薄いウイスキーの水割りだけは飲むようになっていた。

夜、いつものように仲間と居酒屋で、肴《さかな》に舌鼓《したつづみ》をうっていると、店主に「コ

日本酒をほどよく温める、ちろり。冷やから燗へ…。

レをどうぞ」と薦められたのが、ひや酒。陶器の底をのぞくと、青い線で二重の丸が描かれてあるよくある器。

なんてことのない常温の日本酒が入っている。目をつぶって、ゴクリとのんだ。

しばし黙り込んでしまった。5分以上じっとしていたことを覚えている。

もうひと口、ゴクリ。

何かが変わった瞬間だった。酒にも旨いモノがあると教えられたひととき。

この夜を境に、晩酌人生がはじまった。
それまで、酒は呑んでも呑まなくてもよい生活をしていたのだが、旨い日本酒という素敵なモノを発見してしまったのだ。新たなパワーを手に入れたような気がした。

それまでも好きだった旅が、俄然《がぜん》、豊かになった。旅館で腹いっぱい飯を食べるという楽しみが、腹はいっぱいにしなくてよいと思えるようになった。いっぱいにする部分が変わったのである。

# おわりに

「奥さ〜ん、魚釣りに行ってきましたヨ〜」

玄関のドアを叩《たた》いているのは、この本のはじめに登場した駅長さん。釣りの帰りに我が家に寄ったのだそうだ。

「大きなアタリがあってですな、グィと竿《さお》を立てると、ものすごい引きでしてナァ、大きなブリがかかっちょって、グイグイ取り込んで、最後にヨイショとあげたら、勢い余って船の反対側まで跳んでいって海にドボンと。んでもう一回エイッと引っこ抜いたら…こげなモノになっちょったんですワ」と言って、大きなタケノコを差し出すのである。

要は、釣りに行ったものの一匹も釣れず、おみやげがないので、タケノコを掘ってきたという顚末《てんまつ》を、駅長さんなりに演出しているのである。

おなじタケノコを貰《もら》うにも、楽しいほうがいいに決まっている。その夜、夕食に出されたタケノコの煮《に》ものには、駅長さん話が付いてきて食卓に笑いが漏《も》れる。

食事は楽しいほうがいいに決まっている。その昔の我が家の周りには、食事をおもしろくする人たちで溢《あふ》れていた。

なにを食べても美味《おい》しいと感じ、なんでも食べられるようになったのは、駅長さんたちがいてくれたおかげかもしれない。だからいま、駅長さんの代わりになれればと語り部を繋《つな》いでいるつもりである。

いつか満月の夜、縁側に座り、タイの刺身ひと切れで酒をチビチビやれるようになれる日を夢見て。

# 蕎麦は食ってみなけりゃ分からない

2021年7月15日　　第1版第1刷発行

著　者　　石丸 謙二郎
発行者　　柳町 敬直
発行所　　株式会社 敬文舎
〒160-0023　東京都新宿区西新宿3-3-23
ファミール西新宿405号
電話　03-6302-0699（編集・販売）
URL　http://k-bun.co.jp
印刷・製本　中央精版印刷株式会社


Printed in Japan ISBN978-4-906822-39-3